U0955660

Empirical Analysis and Value Remolding of Public Recruitment System in Institutions

——from the Perspective of Jurisprudence Structure

事业单位公开招聘制度实证分析与价值重塑

——基于法理结构视角

李 桢◇著

西南财经大学出版社

四川·成都

图书在版编目(CIP)数据

事业单位公开招聘制度实证分析与价值重塑:基于法理结构视角/李桢著.—成都:西南财经大学出版社,2018.9
ISBN 978-7-5504-3713-5

Ⅰ.①事… Ⅱ.①李… Ⅲ.①行政事业单位—招聘—考试制度—研究—中国 Ⅳ.①D630.3

中国版本图书馆 CIP 数据核字(2018)第 210875 号

事业单位公开招聘制度实证分析与价值重塑——基于法理结构视角
SHIYE DANWEI GONGKAI ZHAOPIN ZHIDU SHIZHENG FENXI YU JIAZHI CHONGSU——JIYU FALI JIEGOU SHIJIAO
李桢 著

责任编辑:王青杰
助理编辑:王青清 陈璐 张春韵
封面设计:墨创文化
责任印制:朱曼丽

出版发行	西南财经大学出版社(四川省成都市光华村街 55 号)
网址	http://www.bookcj.com
电子邮件	bookcj@foxmail.com
邮政编码	610074
电话	028-87353785 87352368
照排	四川胜翔数码印务设计有限公司
印刷	四川五洲彩印有限责任公司
成品尺寸	170mm×240mm
印张	16.75
字数	219 千字
版次	2018 年 9 月第 1 版
印次	2018 年 9 月第 1 次印刷
书号	ISBN 978-7-5504-3713-5
定价	88.00 元

1. 版权所有,翻印必究。
2. 如有印刷、装订等差错,可向本社营销部调换。

序

事业单位公开招聘制度的建立是事业单位人事制度改革的重大成果。公开招聘制度的生命力在于公平性和科学性，这需要以法制化、规范化作为其前提和保障。本书从实践案例出发，以价值重塑为引领、以法理剖析为基础，对公开招聘各主要环节所涉及的法律关系进行了全面分析，为完善公开招聘制度提供了重要的理论思考和规范建议。

《事业单位人事管理条例》专章规定了公开招聘的程序和要求，以行政法规的形式明确了事业单位招聘行为所应秉承的法定性原则；《事业单位公开招聘人员暂行规定》等规章和政策文件则为事业单位规范招聘奠定了基础。公开招聘制度实施以来，受到社会各界的普遍关注，实施范围不断扩大，公开招聘方式、方法在实践中不断完善，一些重大违规违纪案件得到纠正和处理，切实回应了公众对事业单位招聘的公平公正性的期待。但事业单位及其招聘过程的复杂性，决定了招聘规范体系的构建和完善必然是一个渐进的过程。

首先，公开招聘规范具有多重价值目标。招聘规范作为公开招聘过程中不同参与主体和利益相关者应当遵守的社会行为准则，存在公平性、科学性和成本效益等多重价值目标，既包括公开、平等、竞争、择优等基本的价值准则，也包括特定行为、环节的具体规范。不同的目标之间可能存在价值冲突，而公开招聘规范的确立也是一个价值权衡的过程。

其次，公开招聘规范涉及多重法律主体和法律关系。以招聘参与者而论，其规范包括招聘单位及人员、审查监督机构和人员、命题人员、考试考察人员、考生，以及其他参与人员如试题印刷、监考等人员的行为规范等。不同主体的法律地位和角色、其相互间的权利关系也存在差异。如事业单位作为独立民事法人，在明确其具有用人自主权的情况下，其招聘过程中行政主管部门对招聘方案和结果的审核权就曾引发诉讼争议，需要依据法理进行辨析。

最后，公开招聘规范不仅包括社会行为规范，还包括必要的技术规范。以招聘过程而论，包括组织程序、招聘方案与计划、岗位评估、资格条件设置、测评（笔试、面试、命题、成绩登录）考核考察、评议、投票、体检、公示、聘用、监督处理等操作性、技术性要求。事业单位在招聘的过程中，需根据招聘的重点环节，完善技术规范，提高命题、面试、测评、考察等环节的科学化程度，建立不同招聘环节或流程的风险防范机制。

随着公开招聘制度的全面实施，针对实践中存在的问题，事业单位需要在法理认知的基础上，逐步完善招聘规范，进一步提高招聘的透明度、科学性和公信力，如针对实践中存在的重点、热点和难点问题，提出针对性对策。特别是对舆论关注的特权招聘、资格条件设置、萝卜招聘、利益交换、利益输送、命题失误等现象和问题，应重点研究和解决。应根据单位自主招聘、主管部门招聘和地方统一招聘等不同招聘方式的要求，制定相应的政策和监管措施。同时，要尽快完善不同类别招聘参与人员的纪律规范，明确招聘单位工作人员、主管部门领导和工作人员、监管机构的职责和义务，健全回避制度，扩大回避范围，强化对有关权力主体的监督。

从法理角度，事业单位人事制度包括公开招聘制度的设计，需要进一步厘清事业单位的法律性质、事业单位岗位的法律性质、事业单位招聘的权力主体、事业单位招聘行为和人事关系的性质等基本法律问题。完善事业单位招聘制度，应认识到以下方面：事业单位不仅是民事法人，而且是公共服务机构；事业单位人事关系属于公共服务关系，与一般劳动关系存在差异；事业单位用人权具有委托代理属性，其权力主体和授权关系更加复杂；事业单位岗位本质上属于公共职位的范畴，其岗位管理和人才配置应符合公共职位管理的法定性、公共性和开放性等要求。

本书通过法理分析，对完善事业单位公开招聘制度规范进行了全面和深入的思考。作者提出，事业单位公开招聘作为一项维护社会公平就业的公共政策，兼具了选拔人才与保障公平的双重属性，完善招聘制度不仅对于事业单位本身发展至关重要，而且对于社会经济发展也具有重要意义，需要遵循秩序、公正、数目字管理、可操作性四个基本价值要素。

本书以此为基础，根据公开招聘的各法定环节及其疑难问题进行了法学分析和案例评析。其中包括了一系列涉及招聘过程和招聘行为法律性质的法理判断，可为制度设计和问题化解提供理论依据。如关于招聘方案，作者认为，方案可定义为内部权责分工的行政管理工具办法，其贯穿公招过程中的各个环节，对各环节实行事前、事中到事后的全程控制。但是方案有别于规范性文件，是招聘单位与人事部门、上级主管机关之间的内部管理工具，对外并没有任何约束力。又如，关于招聘公告，作者提出，公告兼具民事契约与行政公告两者的性质。而由于公告双方的主体不是完全的平等主体，将其定义为民事契约仍然存在理论难题，其性质仍有待于今后立法的明确规定。

当然，作者关于公开招聘所涉及的基本法理问题的判断并非绝对的或完全准确的，其主要的价值还在于对这些基本问题的聚焦和提炼。本书在有关章节特别提出一些延伸思考的问题，为开展进一步的理论和实践探索提供了空间。

本书作者李桢同志是人社系统的青年才俊，长期参与公开招聘工作和有关政策调研，接触和处理了大量争议案例。这使本书不仅具有理论逻辑，更有全面清晰的实证基础，值得本领域专业人士研读参考。作为同行，我也对他的钻研精神、敬业态度和专业能力表示钦佩！

中国人事科学研究院副院长、研究员　**李建忠**

2018年9月27日

目录

第一章 引言

每一个人和其他最微贱的人都平等地受制于那些他自己作为立法机关一部分所制定的法律。法律一经制定，任何人不能凭借他自己的权威来逃避法律的制裁；也不能以地位优越为借口，放任自己或任何下属胡作非为，而要求免受法律的制裁。公民社会中的任何人都是不能免受它的法律的制裁的。

——洛克

第一节 事业单位公开招聘问题缘起

一、依法治国理念要求

党的十八届四中全会首次以“依法治国”为主题，强调依法治国是实现国家治理体系和治理能力现代化的必然要求。党的十九大报告明确指出：“坚持党的领导、人民当家作主和依法治国有机统一。”我国进入了社会主义新时代，这个新时代，是承前启后、继往开来、在新的历史条件下继续夺取中国特色社会主义伟大胜利的时代，以习近平同志为核心的党中央把全面依法治国纳入“四个全面”战略布局，坚持和拓展中国特色社会主义法治道路，谱写了法治中国建设的恢宏新篇章。习近平总书记系统提出了全面依法治国的新理念，科学回答了社会主义法治国家建设的重大理论和实践问题，创造性地发展了中国特色社会主义法治理论，是马克思主义法治思想中国化的最新成果。全面依法治国的新理论新实践，对中国特色社会主义法治道路做出了新诠释新拓展，使这条道路的内涵更加丰富、特色更加鲜明、优势更加凸显①。如今我国改革已进入深水期，国际形势复杂多变，社会矛盾凸显，依法治国的地位更加突出。在新形势新任务面前，为了更好地平衡社会利益、协调社会关系、深化改革发展，就必须运用法治思维和法治方式解决问题，更好地发挥法治的引领和规范作用。

我国事业单位公招制度也面临着改革攻坚的难题。事业单位公开招聘作为一种极具中国特色的社会公共组织招聘活动，不仅为事业单位优化人才配置提供了一套可行的制度，也为实现依法治国理念提供了平台。随着社会的不断进步与体制改革的不断深入，目前已有的招聘制度规范体系已经不能满足日益变化的时代要求。完善事业单位公开招聘制度，建立公平合理的公招争议处理救济渠道，对推动事业单位招聘制度科学化、现代化、规范化发展，树立依法治国理念，推进改革向纵深发展，具有十分重要的意义。

二、违规招聘现象频发

2010年12月，湖南省武冈市卫生局无视相关规定和要求，擅自

① 汪永清. 全面依法治国开启中国法治新时代：中国特色社会主义法治道路越走越宽广[J]. 求是，2017（12）：39-40.

将该市外系统19人违规调入卫生系统。其中，部分人员为卫生局领导的亲属。邵阳市纪委对事件进行了调查核实，决定对违规进入的人员予以清退，责成武冈市委常委、统战部长朱爱媛和副市长毛学雄做出深刻检讨，并对朱爱媛诫勉谈话。武冈市决定，免去唐顺银武冈市卫生局局长职务，并给予党内严重警告处分，给予卫生局党组书记王祥迪、卫生局副局长尹雪亚、编办原主任唐顺术、人事局原局长李会校等4人党内警告处分①。

近年来，由于"内部招聘""人情招聘"等案件频发，事业单位公开招聘受到广大社会群众的质疑，进而造成了政府公信力丧失、公招的社会意义减弱等诸多负面影响。上述案件正是2011年3月中共中央组织部、人力资源和社会保障部办公厅下发的《关于个别地方事业单位违规招聘和违规进人事件的通报》中所曝光的五起事业单位违规招聘案例之一，在社会上影响巨大。

笔者作为一名曾长期从事事业单位公开招聘工作的人员，从参加工作之初至今，见证了公招制度从建立到逐渐发展的过程。相较于公务员招考制度，作为一项还不太成熟的选人用人制度，"此项制度在法律法规、组织程序、优化招聘方式、外在监督等方面仍然存在一些空白和模糊地带，导致在实际工作中出现了因人设岗、萝卜招聘、资格审查争议、体检标准等诸多问题"②。而近年来，随着考生权利意识的不断强化、招聘单位与主管部门之间权力博弈的出现以及依法治国理念在民众间的普及，事业单位公招各主体之间的矛盾凸显。有感于公招中出现的种种问题，笔者认为对事业单位公开招聘中的问题进行

---

① 赵鹏. 五例事业单位违规招聘被曝光 中组部人社部出台规定严格规范［J］. 人才资源开发，2011（5）：9-10.

② 李桢. 事业单位公招争议处理工作存在的问题、成因及对策研究［D］. 成都：西南财经大学，2012.

系统性的法律研究已刻不容缓。

三、规则体系构建需求

学科划分所导致的有害结果，在经济学和法学这两门最为古老的学科里，要比在其他学科中表现得更为明显。一方面，法律人所研究的正当行为规则服务于一种秩序，而这种秩序的特性则是法律人在很大程度上所不知道的；另一方面，研究这种秩序的论者主要是经济学家，而经济学家反过来也同样对他们所研究的秩序赖以为基础的行为规则的特性处于无知状态之中。在《法律、立法与自由》一书中，哈耶克致力于重新理解规则与秩序之间的关系，并提出了“自生自发秩序源出于其要素对某些行为规则的遵循”这一命题。

一切权利与救济的选择都应当以规则为前提进行。在事业单位公开招聘制度中，具体的规则与程序可以有效地约束和限制权利，但是规则并不是为了对权利进行限制约束，恰恰相反，它是为了维护权利空间，也是为了保障人的社会需求，一个无法提供规则的社会是没有法治可言的。在当前损害政府公信力事件时有发生、制度保障不完善等现实条件的约束下，要实现公招的正当性与有效性，强调规则的重要性就显得更加有意义。

事业单位招聘是为了优化人才配置，为事业单位组织选拔优秀人才。作为社会公共组织，事业单位也承担了保障社会公平就业、实现救济权利的责任。因此在招聘活动中，重要的不仅仅是如何科学选人，还要兼顾规则体系的运转和社会公平正义的实现，在保证机会均等、竞争平等等方面，让每一个竞争主体在起点上处于平等的地位，谁也不比谁有先发的优势。

规则，作为一种达到既定目的的手段，一切按照规则办理，从程序上来说能保障公平正义的实现。在法治社会、法治国家，程序意识、规则意识被推为社会治理的首要选择。规则作为一种行为操作守则，易于衡量、可接受监督并反映问题，在多数情况下有助于很好地解决实际中的问题。为达到既定目标，核心问题在于如何制定一个合理的程序规则，使其通过形式上的规制来最终达到实质上的目的。而在事业单位公开招聘工作中，一项有限完善的规则，作为招聘工作的指导纲领，能够在维护程序正义的基础上保证实体正义。

第二节　事业单位公开招聘历史沿革

一、事业单位的含义

《中华人民共和国民法通则》将民事主体分为自然人、法人以及其他组织三类，其中法人的类别又具体细分为企业法人、机关、事业单位和社会团体法人，可见事业单位属于民事主体中的法人类别，具体是指“具有民事权利能力和民事行为能力，依法独立享有民事权利和承担民事义务的组织”。1952 年中央人民政府政务院《关于全国各级人民政府、党派、团体及所属事业单位的国家工作人员实行公费医疗预防的指示》中指出，扩大医疗预防范围，使全国各级人民政府、党派、工青妇等团体、各种工作队以及文化、教育、卫生、经济建设等事业单位的国家工作人员和革命残废军人，得到享受公费医疗预防的待遇。这是中央文件中第一次提及“事业单位”[①]。随后“事业单位”这一词汇频繁地出现在党政机关的文件中。2004 年发布的《事业单位登记管理暂行条例》中对事业单位进行了很好的诠释，将其定义

① 范娇. 我国事业单位公开招聘方式研究［D］. 太原：山西大学，2013.

为“国家为了社会公益目的，由国家机关或者其他组织利用国有资产举办的，从事教育、科技、文化、卫生等活动的社会服务组织”。对于事业单位的含义，我国众多学者也进行了长期的实践研究。事业单位从其首次出现到以经费使用的角度被提出再到逐渐发展为以服务活动、工作性质等表现形式为主要内容的组织类型，主要是为了区别于我国的企业单位、组织机构、社会团体以及国外的公共部门，指的是以增进社会福利，满足社会文化、教育、科学、卫生等方面的需要，它不以营利为直接目的，其工作成果与价值不直接表现或主要不表现为可以估量的物质形态或货币形态①，是满足公众群体利益的社会服务机构与组织。

从事业单位的概述上可以看出，事业单位是一个公益性机构，通过给社会群体提供服务来满足公众的消费需求。首先，事业单位不同于社会的市场经济主体，因为其具有服务性与公益性，并不是追求个体的利益最大化，而是追求社会整体效益。其次，事业单位又不同于一般的行政机关，因为它没有完全的行政管理职能，其每项事业的发展，都要受制于中央和各级地方政府的命令、指示、规定、条例。事业单位仅仅代表国家管理其工作人员、执行有关的人事管理制度与政策，没有完全独立的自主权②。

综上所述，事业单位区别于企业等其他社会组织，具有公共性、公益性以及服务性的特征。结合这三个特征，本书将事业单位定义为：不以营利为目的，为了社会公益的需要，参与社会事务的管理、履行社会管理和服务职能，满足社会公共教育、科技、文化、卫生等活动需要的社会组织。

---

① 井阳. 我国事业单位人员招聘存在问题及对策研究［D］. 大连：大连海事大学，2013.

② 井阳. 我国事业单位人员招聘存在问题及对策研究［D］. 大连：大连海事大学，2013.

二、事业单位公开招聘

计划经济时代，事业单位公开招聘在很长一段时间内一直沿用党政机关的人事管理制度。但如今，这类选人用人的管理制度既不能适应现代社会的发展需求，同时也不能满足人才配置优化的需要。2005年我国原人事部出台了《事业单位公开招聘人员暂行规定》，结束了传统的事业单位选人用人制度，开始了事业单位公开招聘的历程。根据《事业单位公开招聘人员暂行规定》，事业单位公开招聘应当“坚持德才兼备的用人标准，贯彻公开、平等、竞争、择优的原则”，“坚持政府宏观管理与落实单位用人自主权相结合，统一规范、分类指导、分级管理”。2014年开始实施的《事业单位人事管理条例》明确规定：“事业单位新聘用工作人员，应当面向社会公开招聘。但是，国家政策性安置、按照人事管理权限由上级任命、涉密岗位等人员除外。”

经对各省事业单位公开招聘的实施办法进行梳理，目前各地事业单位公开招聘工作的程序一般为：制订公招方案、发布公告、网上报名、网上资格审查、笔试、公告成绩和面试资格审查人员名单、面试资格审查、面试、体检、考核、公示、审核确认和办理聘用手续十三个环节。无论是哪种模式，各省事业单位公开招聘的实施办法都要符合《事业单位公开招聘人员暂行规定》的要求。一般将部门分工规定为：政府人社部门一般仅负责公招方案审核、公共科目笔试组织实施和审核确认三个环节，其余十个环节由主管部门或具体招聘单位负责组织实施。通过明确职责分工，各地建立和完善了组织人社部门、主管部门、用人单位分工负责、分级管理的事业单位公开招聘工作运行方式。

事业单位公招的发展经历了较长时间的变革。2002年7月6日，国务院办公厅转发原人事部《关于在事业单位试行人员聘用制度的意见》，这是国务院首次发布事业单位人事制度改革的文件，对于制度改革的推进具有重要意义。2005年国家出台《事业单位公开招聘人员暂行规定》，填补了事业单位公开招聘制度的空白，但是其规定仍存在模糊之处，给现实招聘工作带来一定的问题，并一定程度上影响了公招在人才选拔中的积极作用。而到了2011年，“萝卜招聘”“内部招聘”“舞弊招聘”等违规现象频发，中共中央组织部、人力资源和社会保障部两部门共同出台《关于进一步规范事业单位公开招聘工作的通知》，确保在2012年基本实现公开招聘制度在各级各类事业单位的全覆盖。该通知的出台源于事业单位招聘中存在权力腐败、权利救济无门等诸多问题。2014年2月26日，国务院第40次常务会议审议通过《事业单位人事管理条例》。作为我国首部事业单位人事管理条例，其出台对于事业单位的人事管理制度改革具有一定的促进作用，但是很多社会发展的遗留问题仍然没有得到解决。2002年至今，十多年的制度建立与发展中，还有各部门联合中共中央组织部、中共中央宣传部、人力资源和社会保障部等部门印发的通知文件中都直接或间接反映了我国公招制度中存在的问题。但到目前为止，仍然没有一部完整的法律文件对公招制度中的每个环节进行具体的制度设计，来应对实践中所出现的问题。

事业单位公开招聘为事业单位提供人才供给，保障其日常工作的运行。公招工作关系到事业单位工作人员的整体质量及其提供公共服务的效能，因此对于整个组织运作来说公招工作至关重要。

三、事业单位公开招聘的社会意义

事业单位公开招聘作为一项维护社会公平就业的公共政策，兼具了选拔人才与保障公平的双重属性，完善公招制度不仅对事业单位本身的发展至关重要，而且对社会经济的发展也具有重要意义。

（一）有利于维护社会公平正义

保障人权是法治的核心，也是国家进步的体现。完善事业单位公招制度，规范事业单位选人用人行为，不以社会背景、家庭地位、贫富差距等作为衡量标准，摒弃歧视性、指向性的苛刻条件，消除事业单位人才录用过程中的不公平现象以及暗箱操作、权力腐败等行为，按照法定的招录程序，赋予每个人平等进入门槛的权利，为每一个求职人员提供一个平等的平台，对于充分体现人的主体性、消除社会歧视、实现社会公平正义和保障人权具有重要意义。

（二）有利于实现人才的最优配置

事业单位公招制度从制定到实施都是为了实现选拔优秀人才、增强事业单位活力的目标。通过建立和完善事业单位公开招聘的各项管理程序和制度，不仅能实现科学选拔优秀人才的目的，还能进一步增强事业单位各部门的活力，形成积极向上的工作氛围。

（三）有利于构建事业单位公招的长效机制

一项有效的制度需要在实践的过程中不断改进完善。目前我国事业单位公招制度中存在空白点与模糊点，权力寻租、社会腐败现象时有发生，而研究如何运用法律手段来缓解矛盾、解决问题，有利于实现事业单位公招长效机制的理性化和常态化。

第三节　国内外研究现状

一、国内研究现状

对于事业单位公开招聘制度，我国诸多学者从不同角度进行了研究、探讨。从目前的研究成果来看，大多数研究角度集中于我国目前事业单位公开招聘中所存在的问题及其对策分析，但是总的来看都脱离不了问题大而全、对策远离实践、缺乏可操作性等缺陷，对于改进目前的公招制度可借鉴性不大。

（一）公务员招考制度

相较于我国另一类人事招聘制度——公务员招考来说，事业单位招考与之有一定的相似之处——“凡进必考”，即两者都需要经过统一的考试程序，公平竞争，择优录取。但是事业单位公招与公务员招考也有不同之处，公务员招考制度从建立之初发展到现在已经相对比较成熟，面对层出不穷的问题基本都有切实可行的制度保障，我国学者对其的研究也较为充分。公务员招考制度在我国已发展至一个高级、成熟的阶段。

（二）高考制度

我国还有一类人才选拔考试制度——高考。从 1977 年恢复高等教育招录考试以来，我国高等教育招生考试制度发生了巨大的变化，并基本上形成了一种具有中国特色的考试制度。改革开放以来，我国高考制度经过长期的摸索与积累，建立了以中央统一领导、地方分管为主的教育行政体制。一方面建立了以国务院统一领导下地方负责、分级管理、以县为主的基本教育管理体制，另一方面建立了以省级人民政府为主的中央、地方两级管理的高等教育管理体制①。随着社会的发展，目前我国基本上已经形成了全国统一举行高考、部分省区自主命题的高考体系，在以成绩作为主要招录标准的制度下，又形成了以自主招生、保送等多种形式为补充的招录模式。与事业单位公招相似的是，在高考制度改革的过程中，政府作为主要的监管机构正在逐渐放权，通过一系列制度改革，我国高等教育招生事业正在逐渐迈向成

---

① 王刚. 我国高等教育招生考试中政府行为规制研究［D］. 合肥：安徽大学，2011.

熟。目前国内关于高考制度的文献研究主要集中于优化人才选拔机制、通过制度改革创新选拔人才新方式及提高高考选拔人才的效果等方面。

通过事业单位公招、公务员招录、高考三种招录制度的对比，可以发现每一种制度的最终目的都是选拔人才。而在选拔人才的方式上，三种制度都不约而同地选择了考试。根据不同的情况，分别面向社会公开招录，通过制定一定的招录规则择优录取，实现社会的公平正义。由于发展起步时间不同，这三种公招制度，有的发展相对成熟，而有的则正处于改革的试水期，因此彼此之间具有可以相互借鉴之处。

二、国外研究现状

在国外，目前录用公职人员也必不可少地需要通过考试，其中德国是最早实行考试录用官员制度的西方国家。其后英国内阁进行了文官制度改革，任何事务官职，都必须通过文官委员会主持的考试并取得合格证书后才可任职①。而美国也通过国会法案规定公职人员必须经过考试来决定是否录用。可以说，公开考试也成了西方国家录用公职人员的主要方式。公平竞争、择优录取成了各国公职人员录用制度的共同特点。但是因各国国情的不同，招考制度也存在着显著的差别。首先，由于各国的内部体制结构的差异，公招的主管部门及其具体职责都会有显著区别，这也就形成了各国不同的公招监管机制。其次，国外也大都实行分类、分等公开招考，但是类别或等级的划分根据职位的不同也会存在较大差异，而不同类别或等级的考试科目设置也有区别，主要原则是考试科目、内容和难度要体现不同岗位对人员素质

---

① 井阳. 我国事业单位人员招聘存在问题及对策研究［D］. 大连：大连海事大学，2013.

和能力的不同要求[①]。最后，考试的方式各国基本是一致的，都设有笔试和面试，按不同的职位类别分别确定相应的考试内容，强调通过对个人综合素质的考核来选拔人才。但是由于各国的国情不同，其公职人员招录制度各有特点，因此我们在进行对比分析时，不仅要关注其可吸收借鉴之处，同时也要注意各国国情不同而导致的制度移植的障碍。

事业单位是我国独有的一种组织机构，国外几乎没有相同的组织机构与其对应，但日本的公益法人、英美国家的公务员机构、新加坡的公用事业组织等与我国的事业单位有相似之处，因此研究国外公职人员的招录制度，对我国事业单位公招制度的改革具有重大借鉴意义。

（一）日本公益法人制度

日本公益法人是指社团法人和财团法人以及根据民法以外特别法成立的以公益为目的的医疗法人、学校法人、宗法法人、社会福利法人、特定非营利法人等。长期以来，公益法人的人员身份为政府公务员，执行公务员的工资与福利制度。日本公益法人与我国事业单位的性质、职能等较为相似，其人事制度框架比较完善，值得我国事业单位在人员招聘过程中借鉴。首先，日本对公益法人的人事制度改革，主要是通过立法的形式来保障重大政策的具体实施。其次，日本重视其立法程序的科学、民主和公开，任何一项制度的改进均处于公众的监督之下，通过各种媒介途径广泛征求民众的意见，经过认真调查研究，为制度改革提供充分的理论依据。

（二）美国公务员录用制度

美国没有事业单位的概念，其人事录用制度的完善与成熟主要体

① 韦子平. 论国外（境外）公务员招录制度及发展趋势［J］. 经济与社会发展，2007，5（4）：137-139.

现在公务员的录用制度上。美国的公务员制度始于1871年，对公务员录用制度的研究较早，相关法律法规也比较健全。在19世纪早期，政府工作由总统的意愿来决定，一个人可能随时被开除。美国国会1883年通过的“公务员制度法”——《彭德尔顿法》是美国公务员制度的基本法，也是美国公务员制度形成的标志[①]。该法中规定了公务员制度的一些基本原则，例如：政府公职人员的任用必须经由公开的竞争性考试来选拔；政府公职人员对两党持“政治中立”态度，禁止参加政治活动和提供政治捐款；依法成立“公务员委员会”，负责全国公务员的统一管理工作[②]。美国出台的一系列公职人员录用制度，因其完善而被其他国家纷纷效仿。

（三）新加坡公用事业组织制度

新加坡的公用事业组织与我国的事业单位的性质具有相似之处，新加坡的公职人员招录也十分强调公开、公平、择优录用。作为一个廉洁政府，其对公职人员的招录除了注重个人的学历、资质、能力外，还十分重视个人的品德修养。应聘者一旦被发现私生活不检点或者有不良嗜好，即被拒于公务员队伍之外[③]。在新加坡，为了有效防止有不良嗜好或品行不端的人加入公职人员队伍，对于法定上任的国家公务员，还规定必须在法院宣誓官面前进行出任宣誓，通过宣誓，激发公务员对自己即将从事的职务的神圣感以及对自己行为的自律感[④]。

（四）英国公务员制度

施瓦林伽帕·A.保勒卡（Shivalingappa A.Palekar）认为，英国公务员是世界上最好的，他们保持着最高的工作效率，同时也是最廉洁

---

① 谭赛，罗湘. 美国的公务员制度及其启示［J］. 周口师范学院学报，2005（6）：81.
② 李媛. 美国文官制度的演变［J］. 大观周刊，2011（17）：96.
③ 和君玲. 事业单位中的“问题招聘”与其反制措施［D］. 秦皇岛：燕山大学，2012.
④ 彭文民. 新加坡与中国的公务员制度建设比较［J］. 社会科学论坛，2006（5）：50.

的队伍[①]。这得益于英国的公务员制度。英国公务员招聘也实行公开、公平竞争，公务员职位有空缺都会在“公务员招聘网站”和国家、地方报纸上公布。申请者不受年龄、残疾、种族背景、性别、宗教和性取向的限制，选拔过程客观公正，政府部门和机构基于能力选拔和使用人才[②]。在英国，考选公务员的标准通常比较注重一般的教育程度和基础知识，而并不十分看重特殊或专门的技术和经验，在他们看来国家公职人员需要具备广泛的知识和综合能力、应变能力以及处理人际关系的能力，其招聘也更偏重于“通专结合”。也就是说，他们要求公务员知识面宽广，一专多能或者多专多能，既重视公务员的知识和学历，同时也重视公务员的专业性和技能[③]。

尽管国外没有“事业单位”这一明显具有中国特色的组织机构，但是不能忽视的是，国外的一些公职人员招录制度也与我国事业单位公开招聘制度具有相似性，且其相关制度目前已经相对完善和成熟，因此吸收借鉴国外公职人员的招录制度先进经验，对我国事业单位公招制度的改革具有重要意义。

---

① PALEKAR S A. Comparative Politics and Government [M]. New Delhi: Raj Press, 2009: 42.

② 马桂花. 综述：英国公务员选拔严格公正制度完善 [EB/OL]. (2008-01-08) [2012-09-20]. http://news.xinhuanet.com/newscenter/2008-01/08/content_7381575.htm.

③ 宋世明，莽九晨，崔寅. 国外公务员报考调查 [J]. 21 世纪，2011 (1): 16.

第二章　价值谱系

任何值得被称为法律制度的制度，必须关注某些超越特定社会结构和经济结构相对性的基本价值。

——庞德

第一节　价值谱系概述

有控则强、无控则弱、失控则乱。鉴于我国目前事业单位公招发展的现状，笔者寄希望于进一步健全、完善事业单位公招体系，并为之提供一些思路。事业单位制度作为公共管理制度的子制度，其实质是我国诸多方面的缩影，对其进行研究、分析乃至在此基础上进行必要的改进，对完善整个国家治理体系有庖丁解牛、解剖麻雀的作用。与此同时，马克思主义世界观决定了马克思主义人生观和价值观，正确的世界观、人生观、价值观对于发展理论、工作实践及个人安身处事都发挥着极强的引领作用，因而正确的世界观、人生观、价值观符合社会发展的潮流，对宣传正能量非常重要。

价值谱系本身是多元化的，也是历史性的，是一个复杂的系统。

就我国当前的现状而言，选择合适的价值观需要考虑以下几点：

1. 符合中华民族伟大复兴的长远目标

党的十九大主题是：不忘初心，牢记使命，高举中国特色社会主义伟大旗帜，决胜全面建成小康社会，夺取新时代中国特色社会主义伟大胜利，为实现中华民族伟大复兴的中国梦不懈奋斗。习近平总书记指出："到中国共产党成立100年时全面建成小康社会的目标一定能实现，到新中国成立100年时建成富强民主文明和谐的社会主义现代化国家的目标一定能实现，中华民族伟大复兴的梦想一定能实现。"习近平总书记阐述的"中国梦"，是中华儿女的共同心愿，也彰显了党对实现中国梦的大国自信。我们不管从事什么工作，要把理想与担当结合起来，肩负起时代赋予我们的使命与责任。

2. 符合全面深化改革的现实需求

我们现在正处于完善社会主义市场经济体制的关键时期，处于工业化与城镇化加速前进的关键时期，处于深化政治体制改革的关键时期，处于提高党的执政能力的关键时期，处于构建现代阶层结构的关键时期。改革开放以来，我国取得了巨大的成绩，但是不可否认的是，在这一过程中也积压了一些我们无法解决的问题。在这样的关键节点，我们只有真正破除各种障碍，才能把我国的社会主义现代化建设推向更高水平与层次，才能真正实现中华民族的伟大复兴。在这样一个决定性阶段，改革态度上的坚定、思路上的清醒、举措上的有力是极为必要的。党的十八届三中全会指出，中国正在深化改革，应为今后的发展创造更好的条件。我们不仅要着眼于本世纪，更多的是要着眼于下一个世纪。现在面临的问题是，不进则退，退是没有出路的。只有深化改革，而且是综合性的改革，才能够保证在本世纪内达到小康水平，而且在下个世纪更好地前进。党的十九大报告指出，要深化机构和行政体制改革，深化事业单位改革，强化公益属性，推进政事分开、事企分开、管办分离。所以，唯有改革方是我们前行的方向。

3. 符合全面推进依法治国的基本方略

1999 年，依法治国被载入我国宪法，从党的意志转化为国家意志。2002 年，党的十六大明确提出，发展社会主义民主政治，最根本的是要把坚持党的领导、人民当家作主和依法治国有机统一起来。2007 年，党的十七大提出“全面落实依法治国基本方略，加快建设社会主义法治国家”的新要求。2010 年，中国特色社会主义法律体系如期形成。2012 年，党的十八大提出“全面推进依法治国，确保到 2020 年实现全面建成小康社会”的宏伟目标时，“依法治国基本方略全面落实，法治政府基本建成，司法公信力不断提高，人权得到切实尊重和保障”。2013 年，党的十八届三中全会提出“推进法治中国建设”的新目标，并围绕这一目标，提出“必须坚持依法治国、依法执政、依法行政共同推进，坚持法治国家、法治政府、法治社会一体建设”。2014 年，党的十八届四中全会决议明确提出：“全面推进依法治国，总目标是建设中国特色社会主义法治体系，建设社会主义法治国家。”实施好依法治国这个党领导人民治理国家的基本方略，是为实现“两个一百年”奋斗目标、实现中华民族伟大复兴的中国梦提供的有力保障。2017 年，党的十九大指出，要深化依法治国实践。推进科学立法、民主立法、依法立法，以良法促进发展、保障善治。建设法治政府，推进依法行政，严格规范公正文明执法。加大全民普法力度，建设社会主义法治文化，树立宪法法律至上、法律面前人人平等的法治理念。在今天的时代条件下，我们党提出建设法治中国的重大战略目标，标志着中国的法治实践迈入了新的征程。在我们的日常工作学习过程中，要坚持理论自信、道路自信、制度自信、文化自信，为我国法治建设贡献力量。

4. 符合《中国共产党第十八届中央委员会第五次全体会议公报》和《中共中央关于制定国民经济和社会发展第十三个五年规划的建议》的要求

完善事业单位公招体系，为在“十三五”期间实现国家治理体系和治理能力现代化取得重大进展、各领域基础性制度体系基本形成、人民民主更加健全、法治政府基本建成、司法公信力明显提高的国家目标规划添砖加瓦。

我们应当承认，目前我国正处于社会变革的关键时期，这一时期也是社会利益主体逐步形成以及价值观日益多元化和分化的时期。在这样一个相对多元的社会里，各主体存在不同的利益需求和价值诉求，其结果也就是会形成价值多元化、价值分化甚至价值冲突的局面。在此情况下，我们应该坚持正确的价值体系，而何为“正确的价值体系”，就需要我们认真考虑。

随着社会的发展，国内出现一种现象，就是把西方资产阶级一直大肆宣扬的所谓平等、自由、民主、人权等观念说成是一种适合一切社会、适合一切人的“普世价值”。在这种情况下，社会上也展开了一些讨论，在我们的思想领域、政治生活领域和日常生活领域制造了一些混乱，并根据这个表述提出社会主义核心价值观就是西方宣扬的“普世价值”的结论。但是，所谓的“普世价值”与我们所要实现的和谐社会是格格不入的。笔者认为，在激烈的意识形态较量中，只有坚持以马克思主义为指导，勇于突破思想藩篱，客观理性地对“普世价值”的概念、判断、推理等方面进行深入研究，才能建设起更为先进、更为科学的社会主义核心价值观。

世界潮流，浩浩汤汤。在我们开创社会主义现代化建设新局面的时代背景下，我们既不能妄自菲薄，也不要妄自尊大，而是要坚持以马克思主义为指导，扎根于中华民族优秀文化土壤，吸收借鉴人类文明的积极成果，与时俱进地培育和建设社会主义的“中国价值”，并为实现以习近平总书记为核心的党中央提出的，实现中华民族伟大复兴的中国梦提供强大的精神力量和价值引领。

经过研究，笔者认为事业单位公招应符合四点价值要素，即秩序、公正、数目字管理、可操作性。事业单位公招制度的出发点是选拔优秀的公职人员，在这一过程中，不管是事业单位，还是考生，抑或是其他的考务部门、助考机构，都需要在一个有序的秩序下进行，同时这一秩序的构建必须建立在一个相对公正的氛围之下。公招的公正价值在一定意义上包含公平与正义价值，公正是法律的灵魂，也是事业单位公开招聘考试制度赖以存在的基础。与此同时，事业单位公招过程中还应坚持数目字的管理方式，用一种相对更为理性、更为精准、更为科学的管理方式来运行，这也是保证公招效率的前提。此外，一个相对优秀的制度想要长期存在，除了制度本身要符合社会发展以外，还需要考虑制度在社会中是否易于操作。如果我们设计了一个在理论上非常优秀的公招制度，但是与我国的社会体制格格不入，那么在一定意义上，可以说这个制度毫无价值。因此，笔者在这里着重讨论公招的秩序价值、公正价值、数目字管理和可操作性，但这并不意味其他价值在公招之中无意义，只是本书将重点讨论上述四方面内容。

第二节　价值之一——秩序

一、秩序的概念及分类

不同人对秩序的理解与追求是不一样的。美国现代法哲学家 E. 博登海默认为，秩序意指“在自然界与社会过程运转中存在着某种程度的一致性、连续性和确定性”。哈耶克在《法律、立法与自由》中指出，“秩序”用来描绘一种“事态”（state of affairs），在这个事态中，诸多不同的元素相互关联起来；由对整体中某些部分的认识，我们可以建立起对于其他部分的正确预期，或者，起码是一种极有机会被证明是正确的预期。马克思认为，秩序是一定物质的、精神的生产方式和生活方式的社会固定形式，因而它们相对摆脱了单纯偶然性和任意性的形式；建立社会秩序的目的是要创造一种安居乐业的条件。法律以其独特的方式建立并维护社会秩序，满足人对秩序的需要：政治、经济和社会生活秩序化。

秩序本身的性质决定了秩序是法的基本价值。秩序是人们在社会生活中相互作用的正常结构、过程或变化模式，它是人们相互作用的状态和结果[①]。任何时代的社会，人们都期望着行为安全与行为的相互调适，这就要求通过法律确立惯常的行为模式。在公招过程中，秩序对于所有参与主体都是存在的。秩序价值对考生而言，是诚实守信原则，对事业单位则是依法行政原则，是按规则办事，建立合理有效的运行体系。

以我们熟知的“山西长治公考舞弊案”为例，因相关人员的违法乱纪行为，破坏了原有的公考秩序，这种无序的状态在一定程度上就意味着，我们公招行为的规则性和公招程序的连续性受到了严重的打击，潜移默化中也影响着普通群众的思想。在这种恶性循环之下，公招的社会公信力下降，普通群众也失去了对于公招的信心。为了预防这种无序状态的发生，不论是理论界还是实务界的同仁，都有必要采取措施去制止和加以预防。

---

① 冯琴．以“公交司机为救人超速闯红灯”事件论法的正义和秩序价值［J］．法制与社会，2012（27）：64-65.

二、秩序的重要意义

一是实现自然法价值的需要。据《不列颠百科全书》，自然法有这样一种定义：就一般意义而言，它指全人类所共同维护的一整套权利或正义。作为普遍承认的正当行为的原则来说，它通常是“实在法”，即经国家正式颁布并以一定制裁来强制执行的法规的对称。秩序，首先它是自然法所极力追求的价值。

二是构建法律制度道德体系的需要。在当代中国，法治并不是我们调整社会关系的唯一手段。我们在坚持法治的情况下，也不能忽视德治的作用。法治作为一种他律手段，侧重于规范社会成员的行为；而德治作为一种自律手段，侧重于对人们内心和主观方面的调整和约束。但是不管是法治还是德治，我们都追求构建一个良好的社会秩序。因而，强化秩序理念是构建法律制度与道德体系的需要。

三是构建规则体系的需求。随着法治建设步伐的加快，我们的规则意识进一步加强。中国的社会主义和谐社会建设是一个漫长而复杂的过程，它所涵盖的内容包括了中国社会的方方面面，它的完成需要动员全社会的力量，充分调动社会上的一切资源对现有的社会价值体系、社会管理体系、利益分配体系、社会服务体系等进行重新构建。所有这些调整和构建都是对已有的规则体系进行更新，或者根据新情况建立新的规则体系，所以说构建起一个完善、合理的社会主义社会规则体系是社会建设的基础和关键。而要成功地构建一套完整合理的社会规则体系，我们需要把握好现代社会快速发展过程中社会规则构建的基本点和新热点。

四是中国迈向现代化的需要。2014 年 12 月习近平总书记在江苏调研时强调，要“协调推进全面建成小康社会、全面深化改革、全面推进依法治国、全面从严治党，推动改革开放和社会主义现代化建设迈上新台阶”。党的十九大提出了从2020年到2035年，在全面建成小康社会的基础上，再奋斗15年，基本实现社会主义现代化；从2035年到本世纪中叶，在基本实现现代化的基础上，再奋斗15年，把我国建成富强民主文明和谐美丽的社会主义现代化强国的奋斗目标。而要实现这个目标，就要求我们在一个相对完善的秩序体制下，构建一个相对完善规范的制度体系。

三、事业单位公招的秩序价值

法律秩序并不是对权利的限制约束，恰恰相反，它是对权利空间的维护，也是对人的社会需求的保障，一个无法提供秩序的社会是没有法治可言的。公招对秩序有着强烈的价值诉求，其诉求的秩序是一种良好的考试秩序，内含着公平、公正、自由、安全、效率等诸多价值因子，并以上述价值因子作为判断考试秩序优劣的主要标准。公招秩序诉求应体现在考试法关于考试机构设置、考试决定、试题命制、考试组织、实施与监督、成绩评定与公示、考试信息与档案管理、考试安全与保密、法律责任等具体制度的设计之中，并通过对主体行为的规范得以实现，客观表现为营造公平竞争的考试环境，维护健康良好的考试秩序，而在法权层面，则表现为追求考试权利、权力以及公共利益的和谐统一。公招的各项制度设计，究其本质是一种私权与公权之间的博弈、个体利益与公共利益之间的博弈。因此，公招秩序诉求的基本要义是在法权层面实现考试权利与权力关系的平衡。

事业单位公招涉及的环节多、链条长、主体多，在各环节、各主体之间会发生众多权利义务关系，如果没有秩序，就会极大地增加社会经济、政治成本。要想实现公招制度的高效、合规、低成本，就必定需要秩序。我们必须找准关键节点，采取针对性监管措施，形成全程监管链条。因此，在本书中，笔者将公招秩序定义为：在公招过程中，负面清单和正面清单相结合的秩序，这种秩序既有序又充满活力，既突出市场规律，又与有为政府相结合。

四、如何维护好事业单位公招秩序

（一）平稳有序与发挥活力相结合

我们要明确，公招制度的目的是为国家选拔合格的事业单位工作人员。在此前提下，我们所做的一切工作都要服从并服务于这一目的。因此，在事业单位公招过程中，各参与主体首先需要在一个良好的公招秩序下履行自己的义务，但是在这一过程中，我们还不能忽视各主体的特殊性，“居檐下而知雨漏，在草野而知策失”，既要有序，又要充分发挥各主体的活力。

（二）宏观调控与主观能动相结合

社会主义市场经济条件下，需要突出政府宏观调控与尊重发挥市场自主权相结合。社会主义市场经济体制的一个基本要求，就是既要尊重市场规律，有效发挥市场配置资源的决定性作用，又要更好发挥政府作用，在依法行政中加强和改善宏观调控，既不越位也不缺位，有效避免市场失灵①。运用到我们的公招制度中，就是要妥善处理好公招过程中国家机关与考生、助考机构等主体间的关系，提高宏观调控的科学性、针对性和有效性。要想处理好上述各个主体间的关系，既要坚持政府对公招事务的管理，又尊重客观规律，赋予参与主体必要的主观能动性，通过依法行政提供公平竞争的市场环境。

（三）正面清单与负面清单相结合

谈到秩序，我们必须谈到一个颇具专业性的名词——负面清单。

---

① 顾阳. 筑牢宏观调控的法治基石［N/OL］. 经济日报，(2014-12-10)［2014-12-19］. http://cpc.people.com.cn/pinglun/n/2014/1210/c78779-26181671.html.

"负面清单"是相对于"正面清单"而言的，"正面清单"是列明哪些是可以做的领域和内容，而"负面清单"，是指仅列举法律法规禁止的事项，对于列举以外的事项，法律法规不会进行干预，市场主体有行为的自由。中国（上海）自由贸易试验区率先在外商投资的准入领域实行负面清单制度，实际上是定出了一个投资领域的"黑名单"。在这个名单之外，"法无禁止即可为"。2014 年 2 月 11 日李克强总理在国务院召开的第二次廉政工作会议上说："对市场主体，是'法无禁止即可为'；而对政府，则是'法无授权不可为'。"李克强总理在这里用这两句话界定政府和市场的法理适用边界具有重大意义，说明法治不仅仅是形式上的存在，更应该是认知上的自觉。这实际上是在整个经济管理中认可了负面清单管理模式。

在正面清单管理模式下，只有法律法规明确规定的事项，市场主体才有相应的行为自由。这就导致如下结果：只要法律不明令禁止，行政机关都敢做；只要政府没有明确准许，市场主体都不能做。在负面清单管理模式下，只有法律法规明确禁止的领域，市场主体才无法进入，凡是清单没有列明的领域，市场主体均可以进入。因此，对比正面清单管理模式，负面清单管理模式显然可给予市场主体更加自由、灵活的空间——凡是法无禁止的，即推定市场主体有行为的自由，在"法律的沉默空间"，政府机关也不得设置额外的审批程序，变相规避行政许可法定的原则。所以，负面清单管理模式是一种激活主体活力、促进社会财富创造的法律机制①。

从法治层面看，负面清单管理模式体现了私法自治的基本价值，也充分彰显了"规范公权、保障私权"的法治理念，对于建设社会主

① 王利明. 负面清单管理模式的优越性 [N]. 光明日报，2014-05-05 (11).

义法治国家具有重要现实意义[1]。在事业单位公招过程中，我们有时候也会发现这样一种情况：在法律没有明文规定的情况下，政府往往会依据符合自身利益的情况予以解释，作为相对弱势的考生一方往往难以保护自己的切身利益。

要想在公招过程中实现前面所说的秩序价值，我们必须将负面清单模式应用到公招制度中。在公招过程中，既要列明正面清单，也要列明负面清单，事业单位公招的各方当事人才能了解自己哪些可以做，哪些不能做。在此情况下，一个良好的公招秩序也会应运而生。

第三节　价值之二——公正

一、公正的概念及分类

博登海默在《法理学：法律哲学与法律方法》一书中写道，公正有着一张普罗修斯似的脸，变幻无常、随时可呈现不同形状并具有极其不同的面貌。在人类历史发展的长河中，不同时代的思想家和哲学家都提出了声称自己是绝对正确的“正义观”，通过不同学说的碰撞，我们也可以得出自己对公正的理解。不论是分析法学派代表人物奥斯丁认为“恶法亦法”的法规公正论，还是分析实证主义法学派纯粹法学代表人物凯尔森认为的相对公正论，抑或是罗尔斯提出的“公正所保障的各种权利，不受政治交易或社会利益的考虑所左右”的社会公正论，我们都没有必要对这些“公正”的含义一一列举，因为正如古谚所言“法是善与公正的艺术”，法是实现公正的手段，法的价值在

① 王利明. 负面清单管理模式的优越性 [N]. 光明日报，2014-05-05 (11).

于实现公正。在这些情形下，公正提出了这样一个要求，即赋予人的自由、平等和安全在最大程度上与共同福利相一致①。

在讨论公正价值之前，我们有必要对几个关键名词进行必要的讨论，即公正、公平、正义。公正，是一个在哲学和社会学中应用都十分广泛的词语，它内在包含着诸如公平、公正、正义、平等等理念。在公正理念下诸多“小理念”相互依存，但是又绝对完全对等，具体分析后，又会发现有诸多不同之处，在这一意义上，公正应该说是兼顾了公平与正义两者的意义。至于公平与正义，无论是古代中国还是现代中国，无论是西方还是东方，对这两个词语的讨论在璀璨的历史长河中，可以说是汗牛充栋、卷帙浩繁。这些讨论大多数是从不同的角度、不同的立场来论述本学派的观点。但是不管是公正与公平，还是公正与正义，都在一定意义上存在相异之处。比如，1997 年的东南亚金融危机，“金融大鳄”索罗斯可以说遵循了证券市场“公平”的游戏规则。但是，毫无疑问，几乎所有的人都认为索罗斯的所作所为，不管是从他的动机方面，还是就其行为的结果说起，都有悖于公正的要求。索罗斯正是通过所谓的“公平”的游戏规则而直接引发了东南亚的金融危机乃至波及世界的经济灾难，其结果就是直接损害了社会公正。这个事例说明，公正和公平并不完全是一回事。在构建社会主义和谐社会的实践中，我们应着力构筑以“权利公平、机会公平、规则公平、分配公平”为主要内容的公平保障体系，使公平正义具体体现在人们从事各项活动的起点、机会、过程和结果之中。

法治社会的基本要求有二：首先要有“良好的法律”，其次，这个“良好的法律”能被“普遍的服从”。所谓“良好的法律”，就是

① 博登海默. 法理学：法律哲学与法律方法［M］. 邓正来，译. 北京：中国政法大学出版社，2010.

体现社会公正的法律；所谓“普遍的服从”，就是法律的实体公正和程序公正都得到全面的实现。现代法治既是公平公正的重要载体，也是保障公正的重要机制。

事业单位公开招聘为各类人才进入事业单位提供了一个公平竞争的平台。对于广大的应聘人员而言，公平最重要的价值是保障考试面前人人平等和机会均等。避免歧视对待。政府人事行政部门通过制定相应的政策和规则，并切实履行监管职能来保证应聘人员的机会公平，通过规范考试程序实现程序公平。但是一味强调公平也是不行的，因为个体是有差异的，规则以及程序上的公平，并不能保证结果上的公平，因此，还必须考虑公开招聘的公正性。政府人事行政部门要维护公正和中立，保障机会均等，如很多地方的事业单位公开招聘规定对城市低保家庭和农村特困家庭的应聘人员减免考试报考费，虽然减掉的只是一笔小小的报考费，但却给特困人员带来一个进入事业单位的机会，能给社会带来更大的公正。

在事业单位考试实践中，从考试设计到考试实施、考试结果与处理、考试质量分析的各个环节，都应当遵循公平原则。公平带有明显的“工具性”，它所强调的是衡量标准的“同一个尺度”，用以防止社会对待中的双重（或多重）标准问题。[①] 在一定意义上，公平是效率的基础和条件，没有它，效率就会因公平的缺乏而降低或停滞。所以，公平是事业单位考试运行的重要价值导向。事业单位招聘制度与公务员公招制度，在某些方面是一样的。事业单位招聘关于公正价值的选择体现在考试运行中，应是以社会各阶层均享有竞争公务员职位的机会均等、公平竞争、受到平等的结果对待等方面。

---

① 吴忠民. 关于公正、公平、平等的差异之辨析［J］. 中共中央党校学报，2003，7（4）：15-20.

公正是法律的灵魂，也是事业单位招聘考试制度赖以存在的基础。公正在事业单位招聘过程中，主要体现为以下三点：第一即机会公平。在人事选拔和录用中，凡是符合任职条件的公民都有平等的机会应聘事业单位职位，不能因种族、民族、性别、职业、财产状况、宗教信仰等制度缺陷而人为地加以限制。但是这种公正只是相对而言的，针对我国各地发展不平衡以及对特殊人群的支持等原因，我们应该因地制宜，创造性地开展事业单位公招制度。第二是在考试程序中各主体实施的平等。为保证事业单位考试权的规范运行，必须有一整套切实可行的规章制度和技术规范来保证考试的公正举行。第三是对违反国家事业单位公招规则的机关和个人处理的公正。在事业单位考试中不因其他因素对同种情节的组织和个人进行不同的处罚，以保证考试的公正。《中华人民共和国刑法修正案（九）（草案）》明确提出增加规定组织考试作弊等犯罪[①]，说明我国对于事业单位等国家级考试的公正问题越来越重视。

事业单位考试制度中对于公开平等、竞争择优原则的支持，在制度层面上建立了一套公平公正的科学选人机制。这种机制从形成、发展到不断完善始终体现了公平竞争、唯才是举和平等公正的原则，同时，也为进一步实现公平竞争，促进社会公正提供了制度保障。从历史上看，自科举考试制度确立以来，考试权的运行解决了历代政治制度对社会开放的问题，在这样开放的社会流动过程中，社会各方利益主体达到均衡。直到近代人才观的转变，人们不再在科举官场这唯一的出路中倾轧。中国没有经过商品经济的养成过程，但高考制度的推

---

① 草案规定：在国家规定的考试中，组织考生作弊的，处三年以下有期徒刑或者拘役，并处或者单处罚金；情节严重的，处三年以上七年以下有期徒刑，并处罚金。为他人实施前款犯罪提供作弊器材或者其他帮助的，依照前款的规定处罚。为实施考试作弊行为，向他人非法出售或者提供第一款规定的考试的试题、答案的，依照第一款的规定处罚。代替他人或者让他人代替自己参加第一款规定的考试的，处拘役或者管制，并处或者单处罚金。

行，显示了社会公正、公平、公开，从而在制度框架上培养了社会理性，实现着政治统治的合法性（人民当家作主的权威）与政治管理的合法性（高考制度的权威）的统一，并由老百姓的信仰所证明。在当代我国事业单位考试制度运行过程中，严格的考试程序所达成的共识是保证公平竞争、促进社会公正的必要条件，其基本的操作规程、解决冲突的方法，使公招考试运行在规范的制度化程序上，塑造了社会公正。目前，我国正处于社会转型、政策多变的历史时期，事业单位考试权唯有始终不渝地支持公平竞争的理念不动摇，才能使考生在参加考试的过程中，不但有平等社会地位的追求和实现，还有渗透到千家万户的对这种平等社会地位追求的信念。这种具有自发性、内生性的信念，比起在政治形态上塑造成权威要容易，也更易通过对这种社会公正的倡导和塑造，使民主法制建设更具基础而非流于制度层面。①

事业单位考试权的良性运行，其价值目标是为了有效地把优秀人才录用到事业单位队伍中，而这一价值目标的实现，有赖于事业单位考试质量的不断提高。因此，在对事业单位考试质量进行评估时，必须把公正的原则贯穿于全过程，不断提高考试的质量。

二、公正的重要意义

（一）化解阶层固化的有力手段

中国劳动学会副会长苏海南曾说过，我们应当努力营造一个有利于向上流动的社会环境和氛围，让所有人都能够怀有一个“中国梦”，即只要是中国公民，只要努力向上，不论是偏远地区农民的子女还是城市居民的子女，每个人都有平等的机会和上升的空间，都可以凭借自身的才华和拼搏，改变命运。步入21世纪，我们发现在诸多社会领

① 王文成. 论当代中国公务员考试权的运行与控制［D］. 武汉：华中师范大学，2008.

域的选拔和竞争过程中，总是会出现一些重视家庭背景与人脉关系的现象，所谓个人能力的重要性已经显得微乎其微。这一趋势进一步加强后，最终的恶果就是“强者恒强，弱者恒弱”。在阶层固化的社会，弱势群体无法进入社会中高层，无法发出自己的声音；强势群体为了维护自己的利益，丧失了最初的进取之心。因而，一个公正的公招考试体系，在一定程度上可以是解决社会阶层固化问题的一种手段。

（二）实现和谐社会的必要路径

就目前我国的现状而言，总的来说是和谐的，但我们也不能忽视其中存在的一些不和谐的因素。这些不和谐因素的原因有诸多方面，我们不一一赘述，但不能否认，社会不公现象是引起不和谐的重要原因之一。党的十六届六中全会作出的《中共中央关于构建社会主义和谐社会若干重大问题的决定》指出，要切实把构建社会主义和谐社会作为“贯穿中国特色社会主义事业全过程的长期历史任务”抓紧抓好。当今中国，社会深层次矛盾凸显，围绕着民生问题，如住房拆迁、环境污染等，对构建社会主义和谐社会提出了诸多挑战。所以，在公招中，我们必须把维护社会公平放到更加突出的位置，依法逐步建立以权利公平、机会公平、规则公平、分配公平为主要内容的社会公平保障体系，逐步做到保证社会成员都能接受教育，都能平等参与市场竞争、参与社会生活，都能依靠法律和制度来维护自己的合法权益，共享改革发展的成果①。

（三）稳定社会结构的重要方法

社会结构是指一个国家或地区占有一定资源、机会的社会成员的组成方式及其关系格局，包含人口结构、家庭结构、社会组织结构、城乡结构、区域结构、就业结构、收入分配结构、消费结构、社会阶

---

① 刘琳. 和谐社会下的利益协调思想［J］. 西部财会，2012（6）：67-70.

层结构等若干重要子结构，其中社会阶层结构是核心。广义地讲，“社会结构”囊括了政治、经济、文化、生活等各方面的构成状况；狭义地讲，其在社会学中主要是指社会阶层构成情况。学术界普遍认为，一个相对理想、相对成熟的现代社会结构，应具有公正性、合理性、开放性等特征。随着我国公招制度的完善，公招程序愈发公正，加之事业单位工作人员的工作相对稳定，能在一定程度上起到稳定社会结构的作用。

三、事业单位公招的公正价值

在本书中，笔者将事业单位的公正价值定义为程序正义与实体正义的结合，在程序上按照法律法规政策办事，过程全方面监督，最终的结果令各方均满意。

具体而言，事业单位在公招过程中，实现了形式上的公平，即能够做到在考试既定规则面前人人平等，但是就正义而言还有一定的差距。例如在当前的考试制度下，某些疾病虽然存在，但是并不会影响他人，但是普通社会大众对于该病存在疑虑，在此情况下，将其纳入体检标准是否合适，还有待考究。事业单位公招的前路漫漫，我们还需要很长的周期才能实现我们所期望的公招程序正义和实体公正。

四、如何维护好事业单位公招公正

（一）要有一个充分参与的制度保障

法治之本在立法，而良好的法律应该是社会共同意志的体现。近年来，我国的法治建设进程不断推进，与此同时，公众的法治意识不断加强，其结果就是我国公众参与立法的实践取得越来越大的进展。但是，我们也必须认识到一个现实，理论与实践并不总是协调发展的。目前我国法理学界对立法公众参与问题的研究尚显滞后，公众参与立法制度是否具有正当性、合理性和科学性需要从理论上加以阐明。[①]

（二）要有一个正确的舆论环境

对问题的评判、评价要公允，不能只站在某一方的立场上讲话。中国互联网络信息中心（CNNIC）公布的第41次《中国互联网络发展状况统计报告》显示，截至2017年12月，我国网民数量已达到7.72亿人，普及率达到55.8%，超过全球平均水平（51.7%）4.1个百分点，超过亚洲平均水平（46.7%）9.1个百分点。其中，手机网民占比达97.5%，移动网络促进“万物互联”。网络监督和平面媒体监督是一把“双刃剑”，如何能剑指违规行为人的同时又不伤及无辜，是相关部门需要认真研究的问题。网络监督可以通过报道、揭露等方式，形成较强的社会舆论，进而有效发挥监督作用，防止权力的滥用。但是这种舆论监督的开放性也必然会带来一个负面结果，即真伪信息鱼龙混杂，混淆人们的视听，影响国家正常的政治生活，严重影响了网络舆论监督的发展和效力。因此，不管从哪方面来说，建立一个正确的舆论监督环境对实现公招的正义价值都是有必要的。

（三）要有一个严格的外在监督机制

监督机制是指用同一把尺子监督参与主体的各方是否按照规定从事工作。外部监督是指除了行政机关以外的监督主体对事业单位及其工作人员的监督，主要包括国家权力机关、政党组织、司法机关以及社会的监督，其中社会监督包括社会团体的监督、社会舆论和公民的监督等[②]。埃莉诺·奥斯特罗姆提出“多中心治理理论”，强调政治治理与公民参与，允许多个权力中心或服务中心并存，通过相互合作给予公民更好的服务和更多的选择权，避免“公地的悲剧”和“集体行

---

① 黄洪旺．我国公众立法参与的制度化研究［D］．福州：福建师范大学，2012.

② 高瑜．完善我国行政监督机制的理论思考与路径分析［D］．北京：首都经济贸易大学，2012.

动的困境”，扩展了治理的公共性。在这一理论的影响和指引下，可以引入“多元参与”的观点。从我国目前事业单位公招监督机制的现状来看，由于行政监督主体较多且基本上都有自己相对独立的责任范围，各个主体扯皮推诿、“踢足球”的现象时有发生。这就要求我们必须重视事业单位公招监督机制中的问题协调，要取长补短，发挥比较优势，综合运用多种监督方式，增强事业单位公招监督体系的全面性、系统性和严密性，确保监督落地落实、有力有序，才能保证公招的公平正义秩序真正得以实现。

第四节　价值之三——数目字管理

一、数目字管理的概念及分类

对于数目字管理，笔者第一次详细了解是在《万历十五年》一书中。该书从大历史的角度提出一个新的观点，即明朝衰败的原因无关道德和个人因素，而是在技术上不能实现“数目字管理”。通俗地讲，“数目字管理”就是用数字化的方法来分析问题、解决问题。

以全国知名的华西医院为例，华西医院在 2005—2007 年进行了人事制度改革，期间最为重要的是建立了分级分类岗位管理，其中“医生”是最为关键的要素。在此基础上，2007 年，华西医院实行了医疗组长负责制，建立了医院科室和医疗组长三级负责制，按照医疗组配置人力资源。到 2012 年，华西医院基本建立了分门别类的人员薪酬管理制度体系。目前看来，华西医院绩效管理通过坚持数目字管理，不仅出了成果，出了效益，更是出了人才，对我们完善事业单位公开招聘制度具有借鉴意义。

二、数目字管理的重要意义

第一，是公共管理思维由定性分析到定量分析的一次重大转变。定性分析是为了确定研究对象是否具有某种性质或确定引起某一现象变化原因、变化过程的分析，定量分析是指对研究对象进行数量化测定的研究方法。笔者认为，任何事物的质和量都是统一的，真正精确思考问题的方式是将定性分析和定量分析有机结合起来，在定量分析的基础之上，进行定性分析。

第二，把管理从抽象转变为具象，把模糊性的概念转变为可视性、可量性的概念。《大数据》一书中的一句话，让笔者印象深刻："任何人都必须用数据来说话。"几乎所有学术界人士都认为，大数据时代的决策行为将日益基于数据和分析做出，而并非基于经验和直觉。这种基于数目字管理的决策方式要求我们在日常工作和学习中，将模糊的数据和信息转化为可量化的信息，并将这些信息转化为我们所需要的内容。数目字管理是绩效管理的基础和土壤，需做到权责的有机统一，工作目标量化、可操作、可考评，用数字说话，让人心服口服。

第三，能够较快地显现管理结果，并立即反馈给管理者和决策者。数目字管理作为一种高效快捷的信息处理模式，通过量化信息对管理问题进行及时反馈，使管理结果能够很快反映管理成效。在事业单位公招的过程中实行数目字管理，可以更加便捷客观地评价公招工作的成果，发现并解决问题，使公招的管理工作更加科学合理。

三、事业单位公招的数目字管理

笔者认为，在现有条件下实现事业单位公招数目字管理有一定难度，但也具有可行性。以事业单位公开招聘考核环节为例，进行"定量考核"已在某些省市的公招工作中付诸实践并成效显著。运用数目字管理模式，分类分项制作考核表格，定量考核标准明确，结果清晰，具有科学性和可操作性，便于在事业单位公开招聘中执行。同时，考核标准量化后，在考核中既容易掌握，又便于分出高低，避免了单凭主观意愿给被考核者评定等级，数字化结果信服度高，利于稳定考生情绪。而实现全面数目字管理必须依据不同岗位、不同地区制定合理的考核标准，方能实现真正意义上的数目字管理。

从法律法规政策的制定到实际操作，事业单位公招每一方面的关键环节、关键要素都将实现精细化、全面化、固定化，将模糊概念转变为精确概念，不留空白，不留死角。我们所追求的数目字管理，要求在事业单位公招过程中，制定规则者对于公招的每一个步骤、每一个环节都能相当熟悉、绝对精确。

事业单位公招的数目字管理目前还停留在理论探讨阶段，就笔者了解的信息来说，我国现行法律法规中，只有极少数法规以及各省发布的一些关于数目字管理模式的规定，且较为原则、抽象。因而，在公招过程中，实现事业单位公招的数目字管理具有非常强的理论与现实意义。

四、如何实现事业单位公招数目字管理

（一）细化操作流程

事业单位公招跨度时间较长，总体环节较复杂，尽管我国相关法律法规对公招的程序进行了规定，但是规定太笼统了不好，太琐碎了也不好，都不利于操作。因此，要实现事业单位公招的数目字管理，有必要对公招的程序进一步细化，把现在的大步骤拆分为小步骤，才能使公招过程中事业单位各主体的职责明确，进一步推动我国事业单位公招的有序进行。

（二）考虑全面充分

因为理论上的落后性，我们无法对事业单位公招过程中可能出现的各种情况进行详尽的研究，但还是需要做好应对的准备，才能以不变应万变，赢得主动权。在这个过程中，全面、充分考虑各种可能的情况就是重中之重，没有多手准备，最终只有失败。在公招的过程中，没有人会预见到具体会出现什么问题，我们能够做到的，就是尽量考虑好每一个环节，尽最大可能实现公招的规范化与制度化。

（三）精确把握语言

我国向来有“一字入公文，九牛拔不出”之说，因为中国的语言文字博大精深，有时我们认为是这个意思，其实是另一个意思，有时我们只看到一个意思，其实还有别的意思。事业单位公招方案的制订和公告的发布中，语言表述应当做到既简洁明了，又清晰明确，不含糊、无歧义，每个词语、每个标点符号、每层标题都应表达精准无错误。对于不敢肯定的字句或者容易让人误解的字句，有法律条文的直接依据法律条文表述，没有的多加几字予以说明。

第五节　价值之四——可操作性

一、可操作性的概念及分类

毛泽东同志在1941年《改造我们的学习》一文中指出：“我们党的优良传统是实事求是。”邓小平同志指出：“过去我们搞革命所取得的一切胜利，是靠实事求是；现在我们要实现四个现代化，同样要靠实事求是。”中国共产党九十多年的历史也再一次证明，一项事业取得成功，就要立足实践，同时对于这项事业本身要具有可操作性，要接地气而非空中楼阁。

美好的蓝图要靠实践来实现，实践同样要具有可操作性。发生在20世纪50年代末期的“大跃进”运动，是我党工作的重大失误，使国民经济建设遭受了严重的挫折。对于这场失误的原因，中央在1962年1月召开的“七千人大会”上，曾经有过痛切的分析，认为有经验不足、违背民主集中制、分散主义严重、只反右倾不反“左”倾等原因，但认真分析起来，其根本原因应是不实事求是、政策缺乏可操行性。1978年12月，党的十一届三中全会决定我国开始实行对内改革、对外开放的政策。这是我党在重要历史时期作出的正确决定，也是我党在遵循实事求是基本原则的基础上，并充分考虑当时我国经济发展水平较低、科技教育比较落后等的客观条件下，制定的具有可操作性的政策。正是得益于这一正确的决策，我国才取得了巨大的成就。放眼国外，早在1971年，“互联网”一词尚未诞生时，智利总统萨尔瓦多·阿连德就已经下令打造一个由电报机组成的网络系统。这个项目被称为“协同控制工程”（Project Cybersyn），它是一台超级“计划机器”。但是现实与理想毕竟存在差距，尤其在当时技术受限的情况下，“协同控制工程”技术上失败的原因主要是：真正的大数据需要同样强大的软件对其进行分析，也需要远超过“协同控制工程”计划所用的电报机和大型主机性能的硬件、存储设备和带宽来提供支持，这是当时的技术条件远远无法满足的。中外的两个案例其实已经充分证明，不管我们做什么工作，必须要从实际出发，如果我们不考虑解决方式的可操作性，那么现实就会跟你开一个很大的玩笑。

“法律是治国之重器，良法是善治的前提。”党的十八届四中全会提出，建设中国特色社会主义法治体系，必须坚持立法先行，发挥立法的引领和推动作用，抓住提高立法质量这个关键。在十九大报告中，“坚持全面依法治国”被明确作为十四条新时代坚持和发展中国特色社会主义的基本方略之一。“法因时而立，法因时而进。”从确立公正、公平、公开的立法原则到完善立法体制机制，从强调依宪治国、依宪执政的重要意义到加强党对立法工作的领导，从加快完善体现权利公平、机会公平、规则公平的法律制度，到保障公民人身权、财产权等各项权利不受侵犯，历史不断前行，法治只有跟上时代的脚步，才能发挥引领和推动社会进步的作用①。

想要建立一个相对完善的事业单位公招制度，我们必须考虑制度的可操作性，制度如果缺乏必要的可操作性，那就是无源之水、无本之木。

二、可操作性的重要意义

（一）有利于明确具体目标

在事业单位公招过程中，如果能够制定相对完善的、具有可操作性的规定，那么也就能更好地明确公招的目标。方案的文字搞得再“漂亮”，如果缺乏可操作性，也只是一纸空文。事业若想成功，首先必须有明确的目标。只有目标明确，为实现目标而努力的群体才能心无旁骛，集中全部精力，勇往直前。出租车最危险是在什么时候？答案是：没有乘客的时候。有乘客的时候，司机有目标，就会全神贯注地驾驶，同时想方设法尽快到达目的地；而没有乘客的时候，他是盲目的，走到十字路口左转右转犹豫不定，左顾右盼精力分散。

（二）有利于激发内在动力

如果在事业单位公招中，各主体不能明确自己的职责，就会导致人浮于事。过去因为公招的工作体制机制不够完善，部门利益倾向、争权诿责的现象时有发生。因此，在公招的过程中，采取建立政府权

① 立良法以行善治［N］. 新华每日电讯，2014-10-26（1）.

力清单制度，积极、主动地公开政府职能权限、法律适用依据、监督管理流程等，不仅能从根本上防止不作为、乱作为，还能避免不担责、不干事“懒政”现象的发生。

乔布斯在斯坦福大学毕业典礼上有一段演讲：“有时候，生活会用板砖砸你的头。一定不要失去信仰。我知道，唯一支撑我前进的东西就是：我爱我所做的事。你必须找到你所爱的东西。这句话不仅适用于你的工作也同样适用于你的恋爱。”为了避免被“问责”，各主体就要按照规定的程序进行，这在一定程度上也能激发主体的内在动力。

（三）有利于探索有效方法

事业单位公招制度要进一步完善，就要做到“落地生根”；想要“落地生根”，就要“广接地气”。接地气，才能有底气。“立善法于天下，则天下治；立善法于一国，则一国治。”在公招制度完善过程中，要健全、完善由立法机关主导、其他机关和社会公众积极参与的制度体系，坚持民主、科学立法，在广泛征求修改意见和反复论证的基础上，不断完善和发展。事业单位公招制度要为国家、社会以及普通公民确立一种合理的组织结构，一种规范的行为模式，一种正确的价值选择；要不断顺应历史发展和时代变化，及时地、适时地根据变化制定符合时代需要的公招制度。

三、如何实现事业单位公招更具可操作性

我国现行大环境下，要实现前面谈到的三个目标，需要我们进一步思考，并做到以下三点：

（一）政策可以落地

不管是事业单位考试，还是公务员考试，都必须先笔试后面试。“逢进必考”已经成为公务员招录的基本原则，也是考试的通用程序。目前看来，效果较好。但也存在不同的声音，譬如广东省政协委员李

福泉就曾说过："先笔试，后面试，给腐败留下了较大的空间，应将面试环节前移至笔试之前。"这种观点非常具有创造性，但仔细研究不难发现，这种观点难以解决根本问题，不具有可操作性。所以说，先面试、后笔试的美好愿望只是空中楼阁，考虑落地性尤为重要。

（二）公众能够接受

任何社会都是在经济、政治和道德三个因子的相互依赖、相互作用下发展的。当今的市场经济与道德建设关系的问题，不能离开政治法律问题而孤立进行。1998 年对于市场经济与道德建设关系问题的研究讨论，鲜有从市场经济、政治法律、伦理道德的"社会有机体"论中的"平面型"角度进行"制衡"研究，也很少涉及政治法律这个极为重要的问题去研究、讨论或设计市场经济与道德建设的运行模式，导致理论研究难以取得实质性成效，难以推动社会主义建设健康发展①。就像众所周知的事实，艾滋病的传播途径有三种：性接触传播、血液传播、母婴传播，按照理论，如果我们能够防范艾滋病的传播途径，日常生活是不会被感染的。但是当得知周围的人感染了艾滋病毒，我们是否还能以常人的姿态对待，这似乎就成了一个伪命题。所以，如何做到具有可操作性必须考虑公众能否接受这一因素。

（三）符合我国国情

在公招过程中，立法设计必须坚持考虑中国国情的原则，坚持科学立法，遵循立法规律。实行科学立法，要求我们所建立的事业单位公招制度，既要遵循客观规律，又要符合我国具体国情。首先，我们要坚持科学性原则，深入贯彻习近平新时代中国特色社会主义思想，运用马克思主义立场、观点、方法研究法律现象和法律问题，使立法

① 唐能赋. 注重市场经济政治法律和伦理道德的制衡研究［J］. 社会科学研究，1998（3）：51-54.

遵循立法工作规律，符合法制思维规律，真正反映事物发展变化的客观规律。二是坚持从实际出发，使法规同当地经济、政治、文化、社会发展的要求相适应，以改革创新的精神和求真务实的态度，推动和保障公招制度实现良性发展。三是深入开展立法调研和科学论证，完善立法决策机制，健全公招的立法程序和技术规范，建立健全决策信息和智力支持系统。四是坚持立改废并重，及时修改不适应时代发展要求的法规，使法规更好地适应公招发展的需要，更好地遵循法律体系的内在要求。

本书希望从事业单位公开招聘过程出发，健全、完善每一环节。在分论的研究当中，笔者将本章所讨论的四个核心价值贯穿始终，本章是对各分论的引领，而各分论也是对本章的印证。总的来说，希望我国的事业单位公招制度的价值谱系和具体实践，能够具有指引与修正的、相辅相成的关系。本书所研究的价值谱系的意义，更多的在于能够为我国事业单位公招的有序进行提供必要的智力支持；当然，随着我国事业单位公招制度的进一步完善，笔者相信，为理论界、实务界所认可的价值谱系也会更加丰富。

第三章 研究方法

要解决问题，还须作系统的、周密的调查工作和研究工作，这就是分析的过程。

——毛泽东

第一节 选择合适研究方法的必要性

人在思想的过程中，不仅存在着“想什么”的问题，还存在着“怎么想”的问题。通俗意义上，研究方法就是解决“怎么想”的问题，而有什么样的研究方法，就有什么样的研究成果。研究方法是联系人思想和行动的纽带，决定着人们如何分析在现实中遇到的诸多问题，也决定着思考问题的广度和深度，在一定程度上甚至制约和规范着人们的思维活动。

调查研究，作为马克思主义认识论的一个基本观点，是我们党的优良传统，也是经过长期实践检验的基本工作方法。通过调查研究可以察实情，求真知，出良策，促工作。毛泽东同志指出：“没有调查，就没有发言权。”邓小平同志也指出：“离开群众经验和群众意识的调查研究，任何天才的领导者也不可能进行正确的领导。”江泽民同志进一步强调：“没有调查，就没有决策权。”深入实际开展调查研究，坚持“从群众中来，到群众中去”的工作方法，是我党的优良传统和作风，更是马克思主义认识论和方法论的生动体现。2013 年 7 月 23 日，习近平总书记在武汉召开部分省市负责人座谈会时强调：“调查研究是谋事之基、成事之道。没有调查，就没有发言权，更没有决策权。研究、思考、确定全面深化改革的思路和重大举措，刻舟求剑不行，闭门造车不行，异想天开更不行，必须进行全面深入的调查研究。”在党的十九届一中全会上，习近平总书记提出：“要在全党大兴调查研究之风。”

本书综合运用多种研究方法，对现行事业单位公开招聘制度中存在的诸多法律问题进行深入分析，探究原因并寻找相应的对策建议，以期构建一种新的事业单位公招问题处理与监督、救济渠道。

第二节　研究原则和思维范式

一、研究原则

在本书写作过程中，笔者以习近平总书记提出的关于“调查研究”的方法为指导思想，坚持以下四点原则：

（一）坚持实事求是的原则，树立求真务实的作风

首先，调查研究一定要深入实际，了解客观实际情况，不能从主观意愿出发，而要坚持结论必须产生在调查研究之后，建立在科学论证的基础上；其次，对通过调查研究了解到的真实情况和各种问题，要坚持不唯书、不唯上、只唯实，坚持“以事实为依据，以法律为准绳”。

（二）坚持透过现象看本质的原则

对客观实际情况的调查研究，目的是深入了解事情的真相和全貌，进而准确把握问题的本质和规律，最终研究解决问题的方法和对策。因此必须深入群众、深入基层、深入实际，多层次、全方位地调查研究，既要解剖典型，又要了解全局，在复杂的案件中准确抽离出法律关系，找到事件的本质规律，并提出解决问题的对策建议。

（三）坚持创新研究的原则

随着社会经济的飞速发展，调查研究方法也要与时俱进。坚持在长期实践中积累的同时，根据现代社会信息化和网络化的发展趋势，进一步丰富研究方法、拓展研究渠道，学习和运用现代科学技术手段，提高课题研究效率。

（四）坚持以“习近平新时代中国特色社会主义思想”为指导，坚定贯彻、执行党的路线方针政策和中央重大策略部署的原则

坚持“解放思想，实事求是”“从群众中来，到群众中去”等原则，使调查研究工作同中国特色社会主义建设紧密结合，更好地为提高党的领导水平和执政水平服务、为各级党委政府科学决策服务。

二、思维范式

（一）“三段论”研究法

哲学为思维方法领域的开垦奠定了基础，促进思维方法发展成为一个庞大的领域，随之演变出多种法律研究方法，比如辩证法、演绎法等。作为法学研究最基础层次的源代码，“三段论”研究法无疑是解决法律问题最有效且最重要的一种。

“三段论”是诸多部门法中的基础性法律——法理学研究中的一种基本的法学推理模式，也是一种最重要的法律适用方法。其主要包含三个部分：一个“大前提”（即法律规范）、一个“小前提”（即具

体的案件事实）和一个“结论”（即根据大、小前提，经过分析和逻辑推理出的结论）。而“三段论”的推理过程是，通过分析案件事实（小前提），抽象出法律关系三要素，寻找法律规范（大前提）适用，最后通过法律解释，得出判决结果（结论）。本书分论运用“三段论”思维范式，通过引入典型案例，寻找法律规范适用，力求解决事业单位公招中存在的诸多问题。

（二）比较思维

比较存在于一切事物当中，它是一切思维活动的鼻祖，也是人类意识能动性的基础。比较思维方法是伴随着人类意识的产生而产生的，它是最古老、最基础的一种思维方法。纵观整个事业单位公开招聘制度发展史，我们发现并无可以直接引用或者批判的现实材料，因此“比较”作为一种重要的思维方法，始终贯穿全书。通过纵向与古代科举制度，横向与国内公务员招录、高考制度及国外公职人员招录等制度两个维度的对比研究，我们将事业单位公开招聘制度定义为——“现代版科举制度的有机组成部分”。

第三节　具体研究方法

一、文献研究法

文献研究法是根据一定的研究目的或课题，通过调查文献来获得资料，从而全面、正确地了解、掌握所要研究问题的一种方法，文献研究法被广泛应用于各种学科研究中。

正如著名物理学家牛顿的名言：“如果说我比别人看得更远些，那是因为我站在巨人的肩膀上。”尽管对于公招制度还没有太多学者进行系统研究，但在公招领域，还是存在较多的研究成果。在本书写作过程中，我们主要根据“典型性”“广泛性”和“专业性”三个标准，检索、查阅了古今中外诸多事业单位公开招聘及类似制度的相关论文、专著、法律法规和其他文献，在掌握大量文献资料和相关案例的基础上，通过对已有的资料进行归纳分析，进而对当前事业单位公招的现状及存在的问题形成一个客观、理性、全面的认识。

二、典型案例研究法

典型案例研究法是认定研究对象中的某一特定对象，加以调查分析，弄清其特点及其形成过程的一种研究方法。

“麻雀虽小，五脏俱全”，毛主席提出的“解剖麻雀”调查研究方法正是对典型案例研究法的经典诠释。本书每章都有“典型案例”这一环节，通过选取大众媒体广泛报道过的、具有时效性和典型性的案例，深入分析案例反映出的本质问题，并提出具有针对性、切实可行的对策建议。

三、比较研究法

比较研究法就是对物与物之间和人与人之间的相似或相异程度的研究与判断的方法。比较研究法可以理解为是根据一定的标准，对两个或两个以上有联系的事物进行考察，寻找其异同，探求普遍规律与特殊规律的方法。

比较研究法的运用，能全面科学地深入事物的内部，准确把握事物之间的异同点，通过异同点的累计总结出新的客观规律，进而提出解决问题的新途径。我们根据“广泛性”“可操作性”和“客观性”三个标准综合运用了以下两种比较法：

（一）纵向比较法

纵向比较法是以时间为坐标，对同一事物在不同时间里的发展变化进行比较的方法[①]。本书写作中主要比较研究了古代科举制度和现代事业单位公开招聘制度间的异同点。

（二）横向比较法

横向比较法是以空间为坐标，对同类的不同对象在统一标准下进行比较的方法[②]。使用该方法按照调研目的可确定比较基准和分类属性、事物的可比性，发现和比较本质的不同。首先，结合国内高考、公务员招录等类似制度进行对比研究，其次，将事业单位公开招聘制度与国外（日本、新加坡、英国和美国等国家）公职人员招录制度进行比较。

四、调查研究法

调查研究法是科学研究中最常用的方法之一，它是有目的、有计划、系统地搜集有关研究对象现实状况或历史状况材料的方法。调查研究法通常综合运用历史法、观察法等方法以及谈话、问卷、个案研究、测验等科学方式，有计划、周密和系统地了解教育对象，并对调查搜集到的大量资料进行综合分析、比较归纳，从而为人们提供规律性的知识。本书主要运用以下两种调查研究方法：

（一）问卷调查法

调查法中最常用的是问卷调查法，它是以书面提出问题的方式搜集资料的一种研究方法，即调查者就调查项目编制成表式，分发或邮

---

① 张静. 股指期货的推出对我国股市现货市场波动性影响问题研究［D］. 郑州：中原工学院，2012.

② 姚杰，张国琛，彭绪梅，等. 大连海洋大学本科专业综合评价的实践探索［J］. 高教发展与评估，2018（2）：55-62，104-105.

寄给有关人员，通过填写答案，然后回收整理、统计和研究。本书针对考生、招聘单位和组织人事部门设计了一份调查问卷，并将问卷结果反馈的相关数据作为提出对策建议的重要依据。

（二）访谈研究法

访谈研究法是指访问者与被访问者直接进行交流的定性研究方法，探讨、思辨某一问题，包括一对一的面访、焦点座谈会、德尔菲法等[①]。我们举办了几次关于事业单位公招问题的座谈论证会，邀请法学专家和实务专家对一些法律难题进行了研讨和论证。

五、综合分析研究法

综合分析法是指运用各种统计综合指标来反映和研究社会经济现象总体的一般特征和数量关系的研究方法。

随着思维方式的不断转变，“创新”也有了新的定义，不仅颠覆性的创新是创新，微创新也是创新，需要从小处着眼，有系统集成的全局观。我们从全面分析的角度出发，综合运用以下三种分析研究法对事业单位公开招聘制度相关法律问题进行研究：

（一）跨学科分析法

科学发展运动的规律表明，科学在高度分化中又高度综合，形成一个统一的整体。运用多学科的理论、方法和成果从整体上对某一课题进行综合研究的方法，也称“交叉研究法”。据有关专家统计，现在世界上有2 000多种学科，学科分化的趋势还在加剧，但同时各学科间的联系愈来愈紧密，在语言、方法和某些概念方面，有日益统一化的趋势。事业单位公招所涉及的知识并不局限于法学范畴，还涉及政治学、社会学和管理科学等诸多学科。为了能科学、全面地对事业

① 王赛男. 我国硕士研究生就业问题研究［D］. 兰州：兰州大学，2011.

单位公招制度展开研究，我们将在最大范围内拓展研究视野，从多个学科角度来进行分析。

（二）定量分析法

在科学研究中，通过定量分析法可以使人们对研究对象的认识进一步精确化，以便更加科学地揭示规律，把握本质，理清关系，预测事物的发展趋势。很多权衡的因素需要依据相关数据分析才能进行确定，因此，定量分析是一项非常重要的前提工作。我们结合事业单位公开招聘的环节和流程，选取典型问题，制作了抽样统计图表。

（三）定性分析法

定性分析法就是对研究对象进行“质”的方面的分析，具体地说是运用归纳和演绎、分析与综合以及抽象与概括等方法，对获得的各种材料进行思维加工，从而能去粗取精、去伪存真、由此及彼、由表及里，认识事物本质、揭示内在规律。在公招过程中，我们需要通过对研究对象进行性质分析来确定其所处范畴或本质所在，根据对研究对象或者子要素的性质判断来做出我们关于公招的结论性分析。我们在本书分论事业单位公开招聘各环节中，运用了定性分析法对现存问题进行法律、法理上的深入分析。

第四章　制订招聘方案与发布招聘公告

计划的制订比计划本身更为重要。

——戴尔·麦康基

第一节　方案部分

一、综述

（一）基本概念

制订招聘方案是事业单位公开招聘的初始环节，也是后续工作有序开展的重要依据。《事业单位公开招聘人员暂行规定》明确规定，招聘计划由用人单位负责编制，主要包括以下内容：招聘的岗位及条件、招聘的时间、招聘人员的数量、采用的招聘方式等。这里的“招聘计划”即为招聘方案。同时，人力资源和社会保障部《关于事业单位公开招聘岗位条件设置有关问题的通知》（人社部规〔2017〕17号）规定：“用人单位要根据招聘岗位需求，科学合理地设置招聘岗位条件，不得设置指向性或与岗位无关的歧视性条件。”

招聘方案作为事业单位公开招聘的工作流程图及操作使用说明书，重点对招聘对象范围、招聘条件设置、考务安排、选用体检标准以及特殊情况及原因进行详细说明，明确主管部门与下属单位之间的分工与责任，同时对相关政策依据进行汇编，并提出特殊情况的处置预案。

招聘方案统领了公招的各个环节，规定了具体流程及处置程序，因此合理制订招聘方案并严格按照方案内容实施具有重要意义。一方面，招聘方案应具有全面性，在拟订时应当综合考虑各种情况，每一个环节都有合法合理的依据遵照执行，比如设定的招聘条件是否合理、如何接受考生或社会的监督、如何防范风险隐患……对于特殊情况，方案中都应当预设充分理由与依据，禁止擅自随意变更公招方案。另一方面，招聘方案还应具有可操作性，比如对于考务安排，要统筹考虑各方面因素和实际执行情况做出合理的设定；又如，对于招考条件设置，要以客观的衡量标准进行准确表述，这样才不会导致实践中的理解混乱。

（二）实践中存在的问题

方案设置条件的合理与合法决定了整个公招过程的合理性与合法性。但是实践中，由于法律规范的缺失，方案的设置环节常常出现“萝卜招聘”“熟人招聘”等带有指向性、歧视性的招聘现象。同时，由于主管部门与招聘单位的职权不明确，对于公招方案设置不合理等问题难以追究责任，考生也无法有效寻求权利救济。越来越多的地方出现了非法公招和违规进人的案件，考生的权益受到极大损害，事业单位公招的信誉也遭受严重质疑，在社会上引起了极大的关注。

1. 方案设置缺乏依据

《事业单位公开招聘工作人员暂行规定》第十三条明确规定：“国务院直属事业单位的年度招聘计划须报人事部备案；国务院各部委直

属事业单位的招聘计划须报上级主管部门核准并报人事部备案。各省、自治区、直辖市人民政府直属事业单位的招聘计划须报省（区、市）政府人事行政部门备案；各省、自治区、直辖市政府部门直属事业单位的招聘计划须报上级主管部门核准并报同级政府人事行政部门备案。地（市）、县（市）人民政府所属事业单位的招聘计划须报地区或设区的市政府人事行政部门核准。”该条款赋予了人事部门以及上级主管部门的审核批准权，即招聘单位根据工作的实际需要设置招聘方案，同时，该方案需经人事部门或上级主管部门的审批后才能正式实施。由于《事业单位公开招聘工作人员暂行规定》第十二条也明确规定了招聘单位自主设置招聘方案的权利，两个条款之间并没有将招聘单位与其人事部门或上级主管部门各自的职权划分清晰，实践中常常出现招聘单位随意设置岗位的现象，计划招录的岗位并没有根据实际工作需要而设置，主观性、随意性强，缺乏科学依据。而上级主管部门由于缺少对招聘单位内部实际情况的了解，对于计划编制的监管往往也难以把握。

2. 方案内容明显违规

（1）歧视性条件设置

《事业单位公开招聘工作人员暂行规定》第十条明确规定：“事业单位公开招聘人员，不得设置歧视性条件要求。”为了避免在条件设置上将部分特殊群体排除在外，禁止设置歧视性条件成为各地在制订公招方案时必须遵守的原则。但即使法律法规政策已做出硬性规定，实践中仍然不可避免地出现歧视性招考条件。究其原因，除了部分公权力滥用的因素外，还在于某些招聘条件的设置并没有让人们意识到歧视性条件的存在。

2012 年 10 月，反歧视公益人士郭彬将浙江、陕西、甘肃、广西、江西五省区事业单位发布的招聘公告涉嫌歧视情况公开举报至各省的人力资源和社会保障部门，要求对上述行为依法及时处理。有关单位对于招聘公告涉嫌歧视的质疑不知情，称只是按照往年的习惯进行公布，不知道这是歧视。[①] 据相关部门统计，这五省事业单位所发布的招聘公告条件设置中，共有数百家单位涉及千个招聘岗位设置了年龄门槛，而另百家单位设置“仅限本地户籍”的报考条件。这种在如今看来明显违规的做法只是一种“往年的习惯”，许多工作人员并没有意识到这是一种歧视。招聘中对于户籍、年龄、性别等条件的限定，虽然在很多场合下，招聘单位都会以工作需要、公招惯例为借口进行解释，但是这种对外在条件的限制的确排除了部分群体的公平就业机会，构成对该群体的歧视。

（2）指向性条件设置

指向性条件设置区别于歧视性条件设置，歧视性条件仅仅是排除了一部分群体的就业机会，然而指向性条件的设置却排除了大部分群体，只根据确定、具体的一人或几人的条件来量身打造招录条件，那么最终的就业机会就确定于特定的一人或几人。大家通常将这类招聘称为“萝卜招聘”“因人画像”“定向招聘”。招聘方案中指向性条件的设置，不仅降低了公众对事业单位的信任，同时对于事业单位的人才引进也造成了不良的影响。

2010 年 9 月江苏某市区医院公开招聘乡镇医务人员，然而该招聘的报考条件却让人大跌眼镜：“男，25 周岁以下，临床医学本科学历，工作一年以上，身高在 185 厘米以上，具有篮球特长。”[②] 该招聘条件的发布立即受到广大群众的质疑，医务人员与篮球特长有何关联？很多报考人员一头雾水，在叹息因篮球特长而丧失了报考机会的同时，也不禁质疑该条件是否为某一人而量身设置的。事业单位具有公益

① 林野. 五省区事业单位招聘被指歧视［EB/OL］.（2012-10-18）［2018-06-29］. http://epaper.bjnews.com.cn/html/2012-10/18/content_380722.htm? div=-1.

② 和君玲. 事业单位中的问题招聘与其反制措施［D］. 秦皇岛：燕山大学，2012.

性、服务性的特征，其公开招聘除了要满足选拔人才的需要，同时也要以促进社会公平就业为前提。现在许多事业单位的领导，利用职位之便，公然设置“内定”指示性条件，将广大优质人才拒之门外。长此以往，很容易影响到事业单位本身的发展，不仅会降低其为社会服务的效能，同时也会给国家造成一定的经济负担。

歧视性和指向性条件设置不仅体现在招聘方案上，更体现在招聘公告中，本书“公告”部分将进一步阐述分析。

(3) 缺乏科学性和合理性

科学地制订招聘方案，合理地安排工作流程，可以在提高公招效率的同时也为招聘单位引进高质量人才。但是由于事业单位公开招聘尚在改革进程中，在制订招聘方案中有时存在缺乏科学性与合理性的现象，为实践操作带来了一些不便。

招聘方案制订的不科学和不合理在考务安排方面体现得尤为明显。例如，为了保证评委尺度一致、难度一致，也即体现公平公正的要求，目前的面试办法要求同一面试组的考生，必须由同一面试评委组在同一天内完成面试。如果某岗位招聘 30 人，面试比例定为 1∶3，理论上至少有 90 人进入面试。如果每个考生面试时间为 10 分钟，90 个人，加上成绩计算等中间衔接和休息时间，至少也得近 1 000 分钟（也就是接近 17 个小时）才能完成。而这几乎是不可能完成的任务。因此科学设置方案、合理安排公招流程是十分重要的。

（三）典型案例

案例一：江苏省南京市下关区内部招聘案件[①]

2009 年下半年，江苏省南京市下关区劳动就业管理中心实行内部招聘，招聘信息仅在下关区劳动局系统内部发布，报考对象限定为区

① 赵鹏. 五例事业单位违规招聘被曝光 中组部人社部出台规定严格规范 [J]. 人力资源开发，2011 (5)：9-10.

劳动局系统职工子女或配偶。最终聘用的4人中有3人为区人事局、劳动局领导的子女。2010年9月，此事经媒体曝光后，下关区委、区政府宣布该招聘结果无效。2010年11月，下关区委决定，免去卞爱平下关区人力资源社会保障局局长职务，并给予警告处分，给予原人事局局长徐基荣警告处分。

在本案中，江苏省南京市下关区劳动就业管理中心采取内部招聘的办法，没有对外发布招聘信息，并且限定了考生为内部职工亲属，受众面极少，招聘信息仅为部分圈定的群体所知晓。一方面，导致了用人单位在人员选择方面十分受限，并不能招到合适、优秀的工作人员。另一方面，也违背了事业单位公开招聘工作的公开、公平、公正的原则，侵犯了公众公平就业的权利。

案例二：福建省宁德市屏南县“定向招聘”案件①

“招聘名额1名。普通高校全日制应届本科毕业生，获得国外学士学位，国际会计专业，大学英语四级，屏南户籍，女，年龄25周岁以下。”这是2010年福建省宁德市屏南县人事局《关于县收费票据管理所公开招聘工作人员的通知》中提出的招聘条件。这份通知强调：“若报名数等于计划数，免予笔试，只进行面试与考核。”通知发布后，只有一个叫陈晨的女青年报名应聘。“经公开报名、资格审查和体检”，陈晨已于当年11月初被聘用。该招聘简章一经公布便受到网友们的质疑，网上盛传被聘用者的父亲是屏南县原领导陈某。虽然相关部门对此条件设置进行了诸如“领导规定的”“区分一些人”的解释，但是其指向性招考条件仍然很明显，引起了社会的广泛关注。

让子女跟自己一样吃财政饭的官员早已有之，以往他们还有在“别人饥饿时，自己吃肉不咂巴嘴”的良知，一切舞弊在悄然中完成。

---

① 石勇．阻遏身份社会［J］．南风窗，2010（26）：52-53.

而现在，这种行为越发明目张胆，表面上看符合制度要求，没有明确照顾哪一个人，而且还是公开进行。这种符合“程序”的做法，要比那些有悖程序的勾当更令人无奈。因为，它既保证了程序，又违背了公平，是“合法”地伤害公平。公职青睐官二代已经不是个别现象，不是哪一个人想占便宜，而是一大群人想占便宜；这已经不再是偷偷摸摸的勾当，而是光明正大的行为；他们侵害了公平，不以为耻，反以为荣，一些地方甚至打出有利于稳定官员队伍的无耻理由。近年来，关于招聘简章中此类歧视性、指向性的招考条件频频发生，而相关单位的所谓解释并不能完全使人们信服，这样的违规招人案件陆续被爆出，对于事业单位公招的公信力产生了较大的负面影响。

二、法学分析

（一）法律关系主体

事业单位公招过程中，在拟订招聘方案阶段的法律关系主体主要是指在拟订招聘方案的法律关系中享有一定权利并承担相应义务的组织或机构。主要涉及的法律关系主体有以下四类：

1. 主管部门

《事业单位人事管理条例》第三条明确规定：“事业单位主管部门具体负责所属事业单位人事管理工作。”上级主管部门，主要是指招聘单位所属的上级行政管理机关。根据《事业单位公开招聘人员暂行规定》第六条的规定，上级主管部门，负有对事业单位公招工作的监督、管理和指导职责。

2. 组织人事部门

根据《事业单位公开招聘人员暂行规定》第六条的规定，政府人事行政部门是政府所属事业单位进行公开招聘工作的主管机关。而《事业单位人事管理条例》第三条明确规定了各级的人事组织部门，其中中央事业单位人事综合管理部门负责全国事业单位人事综合管理工作，县级以上地方各级事业单位人事综合管理部门负责本辖区事业单位人事综合管理工作。

3. 招聘单位

招聘单位是指根据编制计划，按照法定程序通过公开招聘、公平竞争、择优引进人才的机构或组织，具有用人的权利能力和用人的行为能力。

4. 其他单位

其他单位是指在事业单位公招方案制订环节中所涉及的除上述部门以外的单位，虽然在拟订招聘方案环节，这些单位没有直接参与，但是会影响后续招聘工作的展开。如资格审查阶段的教育部门、体检阶段的医院、实施考务工作的部门等。

（二）法律关系客体

法律关系客体是指一定利益的法律形式。法律关系建立的目的就是保护某种利益、获取某种利益或分配、转移某种利益。研究法律关系的客体能够更清楚地了解到事物的本质，为进一步研究提供更深刻的理解与认识。在上述四个法律关系主体中主要包含两种法律关系客体，这两种法律关系客体指向了保护的利益所在，为进一步规制招聘方案环节中的问题提供了很好的指引。

1. 公共管理秩序

上级主管部门、人事组织部门与招聘单位之间的管理、监督关系体现了一种公共管理秩序。公共管理，从字面上来看即对公共事务的管理，而对公共事务的理解决定了公共管理的内涵与外延。上级主管部门、人事组织部门与招聘单位之间的内部监管本身是行政管理的范畴，是对事业单位的行政事务管理工作，具体而言是指事业单位、上级主管部门以及组织人事部门各部门在执行其法定职能组织开展公招的具体运作工作中，对公招的各个环节、程序、所处理的事项以及解决的问题等一系列的管理活动。一般说来，行政管理是属于公共管理的范畴，国家赋予事业单位公开招聘的权利，各政府部门运用国家权力管理公共事务，确保公权力的正常行使，从而使社会公共事务正常开展。

而目前我国行政机构内部设置随意性大，机构臃肿，职能划分过于分散模糊，且存在重复设置的缺陷，导致在公共事务的管理过程中出现效率低下的情形，无法正常发挥公共管理的职能。[①] 而在事业单位公开招聘方案制定环节中，亦存在职能划分不清导致方案的设置有失偏颇，影响了公招工作的正常管理和有序进行。

2. 依法履行的事业单位用人自主权

人事组织部门、主管部门与招聘单位在制定方案上体现了用人单位自主权。事业单位与行政机关不同，事业单位的工作领域比较广、专业种类繁多，其行业性、专业性的特点十分显著，因此对岗位和工作人员的需求也呈现出多样性和多层次性的特点。[②] 事业单位招聘不能完全参照公务员的招录模式。因此，赋予事业单位招录用人自主权，在不违反国家强制性法律法规的前提下，可以根据其招聘岗位的特点，自由聘用人员，招录适合岗位特点的专业人才，而其上级主管部门、组织人事部门不能随意干预，更好地满足其对人才的需求。体现在拟订方案阶段，即招聘单位可以根据其招聘岗位的特点，制订招聘方案，拟定招聘条件，但是前提是不违反国家法律法规。

---

① 周光辉. 从管制转向服务：中国政府的管理革命——中国行政管理改革30年［J］. 吉林大学社会科学学报，2008，48（3）：18-29.

② 李尊实，申晓红. 高校毕业生就业问题探究［J］. 出国与就业：就业教育，2010（18）：13-14.

（三）权利义务关系

1. 管理

组织人事部门、主管部门与招聘单位之间体现的是一种公共管理的秩序，如上述，在公共管理的过程中，为了保障公共事务的顺利运行，必须做到"精简、统一、效能"。而具体到事业单位公开招聘方案制订环节，公共管理秩序的维护在于对各行政机关的责权进行明确的界定，做到对内各职能机构之间能够有一套明确的权责利分配制度，对外事业单位能够保证公招的正常运行。

2. 用人自主权

组织人事部门、主管部门与招聘单位之间具有指导、监督、管理的法律关系，招聘单位在公招过程中具有充分的用人自主权，即其在不违反国家法律法规的前提下，可以自由招录人员，而组织人事部门、主管部门在此过程中承担着政府宏观监管的功能，保障招聘单位在用人自主权的范围内合法公正地开展公开招聘工作。

《事业单位公开招聘人员暂定规定》赋予了用人单位在编制招聘计划、组织实施招聘、资格审查、笔试及面试、考核聘用等环节极大的自主权。具体到方案的拟订环节中，《事业单位公开招聘人员暂定规定》第十二条规定："招聘计划由用人单位负责编制，主要包括以下内容：招聘的岗位及条件、招聘的时间、招聘人员的数量、采用的招聘方式等。"在招聘计划编制方面赋予了用人单位充分的自主权，而在政策指导和监督方面，强调政府人事行政部门与事业单位上级主管部门的监管职能，通过对公开招聘的计划、程序的监管，达到控制进人数量、提高进人素质的目的，实现政府的宏观管理。因此在拟订招聘方案环节，赋予招聘单位充分的自主权，上级主管单位、组织人事部门正确履行其监管职能，有效保障了事业单位公招的正常进行。

3. 委托购买

招聘单位与其他部门之间具有委托合作、购买服务的关系。当代社会的发展对政府行政部门的服务性要求越来越高，在公招过程中由于很多事务招聘单位无法单独完成，只能委托其他部门协助配合，这是一种既有效又节俭的途径。招聘单位必须在法律明确规定的情况下才能进行委托，这也是依法治国的内在要求。具体说来，主要包括以下四个方面的内容：第一，招聘单位的委托必须要有法定依据；第二，委托行政机关必须具有法定权限，招聘单位在进行委托时，其委托的公权利必须是自身所具有的职权，超越权限的委托是滥用职权，是无效的；第三，委托必须符合法定程序，通过正当程序来保证公招过程的公正；第四，所委托的其他部门应当是具有法定条件的企事业单位、组织或机构，为了保障公招考生的合法利益，应严格限制行政委托对象必须具有提供公招特定服务的资质。

（四）核心要点

1. 方案的性质

招聘方案是事业单位公开招聘的工作流程图以及操作使用说明书，明确了一定时期内需要招聘的人员数量、职位以及人员资质要求等因素，具体制定了招聘活动的执行方法，明确主管部门与下属单位之间的分工与责任，避免在招聘过程中的盲目性和随意性。

首先，方案是事业单位公招的公共管理目标。事业单位公招作为公共管理行为，其方案中明确了最终的行为目标，对所需招聘的人员数量、职位以及人员要求等做了具体规定，而整个公招的过程都是为了实现方案中所制定的目标，招录到适合所需工作岗位的人才。其次，方案是公招过程中的管理工具。为了实现方案中所确定的招录目标，在各个环节、程序中招聘单位会根据方案中的预订计划进行自我控制，从而保证目标的实现，从这个意义上来说，方案是公招过程中的管理工具，通过对各环节的程序控制来实现最终的招录目标。最后，方案还是行政绩效考核的依据。一切工作的最终结果需要根据预先设定的方案目标来进行检验，最终检验的结果也将成为此次行政工作绩效考核的参考，以此来判定行政行为的成效。

综上，本书将方案定义为内部权责分工的行政管理工具办法，其贯穿于公招过程中的各个环节，对各环节实行从事前、事中到事后的全程控制。但是方案区别于规范性文件，规范性文件是指为执行法律法规和规章，对社会实施管理，依法定权限和法定程序发布的规范公民、法人和其他组织行为的具有普遍约束力的政令。而招聘方案是招聘单位与人事部门、上级主管机关之间的内部管理工具，对外并没有任何约束力，根据该方案，各部门有效行使职权，使公招工作能够顺利开展。

2. 宏观指导与用人自主权的界限

宏观指导是指国家权力机关、政府管理部门，为了有效实现事业单位公招监督管理的目标，从整体利益出发，对事业单位公招各环节、各主体行为的全面监察和督导。而用人单位自主权，指招聘单位具有的在不违反国家强制法律法规的前提下，制订招聘方案，公开招聘人员，而政府等其他团体和个人不能干预的权利。

经济学中，有“宏观调控”与“市场调节”两个概念，两者是进行资源配置的两种手段。我国市场经济体制下，通过市场调节与宏观调控两种手段结合来实现资源的优化配置。首先适用市场自主调节，当调节效果不好或不完善时，再由政府补位，实施必要的宏观调控。这两者的主要区别在于它们进行资源配置的方式不同，市场调节主要是通过市场的价格、供求等杠杆手段自发调整，实现资源的优化合理配置；宏观调控主要依靠政府采取发布法律法规、大政方针和行政命令等方式来实现，它的方式主要有经济手段、法律手段和行政手段，其中以经济手段和法律手段为常规手段。另外，两者的地位也不同。市场经济体制下以市场调节为基础，在此基础上采取必要的宏观调控。更重要的是，这两者又都是市场经济体制下所同时具有的两种资源配置手段，共同目的都是促进资源的优化配置。

同样，类比宏观调控与市场调节，事业单位公招中的政府宏观指导与用人单位自主权也是这样，两者是相互冲突而又相辅相成的有机组成部分。一方面，两者相互冲突，如在年龄限制、岗位设置上，宏观指导与各地区、各单位根据自身情况和需求制定的公告，可能存在矛盾与冲突，从哲学原理上讲，这是普遍性与特殊性的冲突，从本质上看，更是一种公权力的碰撞与博弈，是天然不可避免的。另一方面，两者又相辅相成。政府宏观指导是为了更好地从整体上保障用人单位自主权的充分实现，而用人单位自主权又是公招必不可少的一部分，可对政府更好地运用宏观调控工具提供重要参考。

因此，要做好事业单位公招工作，必须要做到宏观管理与用人自主权的有机统一，坚持“规范程序、分类指导、分级管理”的原则，积极探索符合不同职业类别、专业特长和岗位需求的公开招聘办法；并且陈列正面清单，明确各阶段、各部门的职权分工，区别宏观指导与用人自主权的界限，将天然冲突的宏观管理与用人单位自主权相互调和，宏观与微观相结合，推动我国事业单位公开招聘工作有序开展。

3. 歧视性、指向性问题

事业单位公开招聘面向社会公开进行，择优选拔人才，因此对招聘条件、范围、对象、成绩计算方法、加分政策、优先条款以及体检标准等条件的设定，应当具有合法性与合理性，既保证录用人员的质量，又保证社会的公平与正义。但是目前事业单位公开招聘中普遍存在定向招聘的问题，常见的有学历限制、户籍限制、年龄限制、社会背景限制等，限制了社会公平与正义的实现，也是对社会上某一群体的歧视。

招聘方案的拟订，招聘条件的设置，体现的是公民平等就业的权利。事业单位作为具有公共服务性质的组织或机构，其公开招聘不仅是一种公平竞争、选拔人才的机制，同时也承担着维护社会公平的责任。因此，在拟订方案的过程中，任何具有歧视性或指向性的条件设置，都会导致对公民平等就业权利的伤害，会剥夺相当一部分考生公平参加考试的机会，也不利于事业单位招录到合适的人才。招聘方案的拟订涉及考生的准入资格、考核流程以及录取结果，为了实现准入公平、考核公平以及结果公平，必须在方案的拟订环节充分注重公平公正，做到不偏不倚，不为任意特殊群体提供优惠性政策。

但是在实践中，招聘方案中歧视性、指向性的条件设置仍然不在少数，究其原因，主要表现在以下两个方面：一方面，受到传统计划经济时代对公职人员选人用人制度的影响，事业单位的行政管理长期处于“领导意志”的惯性思维模式，在方案拟订环节，不能完全按需设岗，经常会出现“因人设岗”的情况，一些专业重要性的岗位往往缺乏优秀人才，进一步影响了事业单位的整体创新和发展。另一方面，国家所赋予的公权力并没有得到有效的约束，即“权力并未关在笼子里”，这也给了“领导意志”一定发展空间，假如对于公权力进行有效的监督与限制，“领导意志”并不能发挥作用，因人设岗的情况也能得到有效的遏制。

针对上述问题，本书认为，对于歧视性、指向性条件的设置问题，解决方案就是将权力关进制度的笼子里，摈弃惯性思维。首先，加强对公权力运行的制约和监督，需要一个完善的制度作为依托。目前事业单位公开招聘制度的法律法规不够健全，对于公招的权力约束机制尚未形成，而我国公招制度的相关法律法规所呈现的立法层次低、招聘规范过于模糊等问题均亟待解决。其次，摈弃惯性思维，这需要工作人员在日常的工作中就形成一切按规则办理的理性思维，将“领导意志”彻底抛之脑后，加强对规则制度的重视。

但在排除指向性条件设置的同时，也应当考虑到一些特殊群体和部分特殊岗位。如有功绩的特殊群体，如“大学生村官”、西部志愿者、退役军人等。再如部分特殊岗位，如藏区、农牧区、基层岗位等。公平总是相对的，这些特殊群体或是为国家做出了巨大的牺牲和贡献，或是在艰苦卓绝的条件下坚守岗位，相较于一般普通考生，显然应当在政策上予以更大的支持和鼓励，才能实现真正的公平。因此，在事业单位公招中，针对这部分特殊群体和特殊岗位，应当参考公务员招录和高考政策。即在列明详细的正面清单后，对符合条件的考生，在笔试成绩中适度加分。

4．方案追责

拟订方案过程中的违规问题主要涉及组织人事部门、主管部门以及招聘单位几个主体。首先，招聘单位在拟订方案的过程中，可能违反法律法规的规定，设置歧视性或指向性的招录条件，排除相当一部分群体的报考权利。其次，对于组织人事部门、主管部门来说，监管不力，以权谋私，在审核过程中对于招聘单位的违规操作行为未予追究。

公开招聘制度作为事业单位的选人用人制度，在招聘过程中需确保其的权威性、合法性和严格性，坚决杜绝各种违法犯罪行为的发生。公招方案，作为统领整个公招过程的操作指南，决定了公招的正当性与合法性，因此对于拟订方案阶段的违规问题，一经发现应当严肃处罚。

在实践中，虽然我国已经有了关于公开招聘制度的主体制度，但是政府的宏观管理和监督严重缺失，并未建立起科学、有效、合理的配套监管机制，或者虽然有原则性的规定，但是实际操作性较弱，监管措施依然是空白，造成了监管工作不力，对违规行为的处置演变成长久的难题。[①] 实践中违规问题处理难主要体现在：第一，对于违规的认定难，由于缺乏明确的法律法规明示，哪些事项属于违规事项难以认定；第二，认定主体难以确定，对于招聘单位可以由上级主管部门或人事部门进行违规认定，但是当上级主管部门或人事部门出现违规事项时，难以确定认定主体；第三，违规执行难，对于违规行为究竟应当予以党纪处分、行政处分还是追究其刑事责任，也是一个难以确定的问题。

针对上述问题，我们的建议是：首先，对于违规认定难的问题，有待于相关法规政策的明确完善；其次，对于认定主体的问题，需要根据不同情况分别处理，如果是招聘单位违规，可以由同级组织人事部门认定，而对于不同级别单位违规，则由上级主管部门认定；最后，对于违规的执行难问题，可以通过纳入党政的目标考核、纳入纪检监察考核或由检察机关相关部门追究其责任等方式来促进违规问题的迅速执行。

三、对策建议

（一）完善立法体系，细化方案规则

目前，各地就事业单位公招出台了相关制度，但全国尚未有统一的实施标准，为了从源头上杜绝事业单位公招过程中的各种违法乱纪行为，完善制度立法、在全国范围内建立统一的法律规制体系是十分紧迫且必要的。此外，就现有的法律法规来看，事业单位公招制度仍处在改革中，立法尚不成熟，目前所执行的《事业单位公开招聘人员暂定规定》过于笼统模糊，相当一部分条文仍有待细则的出台进行弥

① 和君玲．事业单位中的问题招聘与其反制措施［D］．秦皇岛：燕山大学，2012．

补细化，在实践中常常造成具体问题无法可依的乱象。因此建议从国家层面修改《事业单位公开招聘人员暂定规定》，细化方案规则，统一规范管理，完善事业单位公开招聘立法体系。

（二）建立备案机制，加强监督管理

虽然我国法律赋予上级主管部门、组织人事部门对招聘方案的审核批准权，但是对于其具体的审核权限以及审核方式并没有明确规定，在实践中也容易造成两大主体之间权责不分。建议借鉴规范性文件的备案制，即招聘单位拟订招聘方案后，依照法定程序报送有关机关备案，方案符合法定条件的，则有关机关对其予以登记备案。一旦进行了备案，后续发生的问题便有据可查。这样加强了对方案设置的管理和监督，也可保证法律、法规、规章的正确实施。

（三）保证员工参与，营造良好氛围

在制订方案环节，应当保证招聘单位全体员工的参与度和积极性。虽然招聘单位拟订招聘方案时有设置招录条件的自主权，但是很多情况下，拟订方案的工作人员可能并不完全了解所需招聘的岗位工作，因此其对编制的计划或条件的设置等往往有失偏颇，并不能制订出合理的招聘方案。因此建议制订方案过程中，应保证招聘单位工作人员的广泛参与，尤其是招聘同样岗位的工作人员，积极听取他们的意见，这样才能招录到真正适合、真正需要的人员。

（四）纳入人才规划，杜绝权力滥用

2010年6月6日，经党中央、国务院批准，《国家中长期人才发展规划纲要（2010—2020年）》发布，这是我国第一个中长期人才发展规划，对我国贯彻落实人才强国战略具有重大的意义。该规划纲要对我国的人才发展指导方针、战略目标和总体部署，人才队伍建设主要任务，体制机制创新，重大政策、重大人才工程以及组织实施等各方面都进行了具体的规定。将事业单位公招的招聘方案纳入人才建设的总体规划，使其处于国家大政方针的领导下，可以避免方案设置的随意性，杜绝权力在此环节的寻租与滥用，能够使方案的设计更加符合国家公共事务发展的需求。

四、延伸思考

问题：招聘方案是否应当公开？

阳光是最好的防腐剂，公开是对权力最好的监督。方案作为内部行政管理的工具办法，一般来说并不对外公开。但是方案作为整个公招过程的指导说明，涉及公招的各个环节，对考生的利益具有重大影响。因此，方案是否应当公开成为一个现实的难题。方案作为内部行政管理的工具办法，属于政府信息的范畴，根据《中华人民共和国政府信息公开条例》第一条的规定，政府信息公开的“意义在于保障公民、法人和其他组织依法获取政府信息的权利，提高政府工作的透明度，促进依法行政，充分发挥政府信息对人民群众生产、生活和经济社会活动的服务作用”。对于一个民主法治国家来说，政府信息公开是政府行政工作的一个必要环节，通过信息的公开，充分满足民众的知情权，汇集社会监督力量对公权力进行约束，充分保障民众的各项权利。但是对于政府信息公开仍然有一些考虑，比如信息公开制度可能威胁到政府的权威，对政府的公信以及信誉可能会提出挑战。因此对于招聘方案来说，根据《中华人民共和国政府信息公开条例》第十四条“行政机关不得公开涉及国家秘密、商业秘密、个人隐私的政府信息”的规定，在方案不涉及国家秘密、商业秘密或个人隐私时，是应当公开的。在目前我国事业单位公招公信力不足的情况下，公开方案能够更好地实现阳光操作。在现有公开事项的基础上，加大公开力度，严格依据相关法律规定进行公开，真正做到全过程、各环节、无死角的信息公开。

第二节　公告部分

一、环节综述

（一）基本概念

《事业单位人事管理条例》（以下简称《条例》）第八条规定："事业单位新聘用工作人员，应当面向社会公开招聘。"《事业单位公开招聘人员暂行规定》（以下简称《规定》）第十四条规定："事业单位招聘人员应当公开发布招聘信息，招聘信息应当载明用人单位情况简介、招聘的岗位、招聘人员数量及待遇；应聘人员条件；招聘办法；考试、考核的时间（时限）、内容、范围；报名方法等需要说明的事项。"《人力资源和社会保障部关于事业单位公开招聘岗位条件设置有关问题的通知》（人社部规〔2017〕17 号）（以下简称《通知》）规定："招聘岗位条件一经面向社会公开发布，未经招聘公告核准备案部门同意不得擅自更改。经同意确需更改的，要提前发布变更或补充公告。"《条例》强调了公告发布的公开性，《规定》强调了公告发布所应包括的内容，而《通知》则强调了公告发布的稳定性。一般说来，公告发布应当包括发布内容、发布渠道、发布主体、发布时间等几个关键要素，但是上述两部法规显然未对关键要素进行具体规定。而一些地区为保证当地事业单位公开招聘的顺利开展，对公告的发布出台了相关规定。如《北京市事业单位公开招聘工作人员实施办法》中，明确规定了公告的发布渠道、发布内容以及发布时间。其中，事业单位公开招聘人员除了面向社会发布招聘信息外，还应当在北京市人力资源和社会保障局网站和区县政府网站或本单位网站同时发布。

此外，还进一步细化公告发布内容，并严格规定公告发布时间不得少于7个工作日，而且招聘信息一经公布，应当严格执行，不得擅自修改。可以说，《北京市事业单位公开招聘工作人员实施办法》是对我国《事业单位公开招聘人员暂行规定》的具体细化，通过具体明确的规定对实践中的招聘程序进行指导。此外，不同地区对于公告发布阶段的要求规定不一，比如《四川省省属事业单位公开招聘工作人员实施细则（试行）》中规定公告发布时间距报名时间应不少于15个工作日，而《广东省事业单位公开招聘人员办法》中规定公告的发布时间距离报名开始时间不得少于10个工作日。不同地区结合地方实际，对公告发布的几个关键要素提出了不同的要求，但是总体来说，都明确规定了公告内容面向社会发布，确保群众的知情权。

事业单位公开招聘公告面向社会发布，从根本上保证了公众的知情权，是政府行政信息公开公正的有效途径。本书将公告定义为一种客观载体，是事业单位公开招聘的规则依据。对于事业单位公开招聘的其他考生、其他部门来说，招聘公告是其公招过程中的法律依据，其他环节的程序规则由此规定。

（二）实践中存在的问题

1. 公告未对外发布

《事业单位公开招聘人员暂行规定》第二条第二款明确规定："事业单位新进人员除国家政策性安置、按干部人事管理权限由上级任命及涉密岗位等确需使用其他方法选拔任用人员外，都要实行公开招聘。"《事业单位人事管理条例》第八条也明确规定："事业单位新聘用工作人员，应当面向社会公开招聘。但是，国家政策性安置、按照人事管理权限由上级任命、涉密岗位等人员除外。"事业单位公开招聘，除极个别特殊岗位外，原则上都应当面向社会公开招聘。因此，公招过程中，对外发布招聘公告是面向社会公开招聘的主要渠道。但是在实践中，有的事业单位公开招聘并不对外发布招聘信息，而是采取内部招聘的办法，仅有少数的内部人员了解招聘情况，受众面较少，造成考生知晓度低，用人单位在人员选择方面十分受限，并不能招到合适的工作人员。这不仅违反了公开招聘的原则，也侵犯了公众公平就业的权利。

2. 公告发布未达到规定时限

在我国，事业单位公开招聘，公告发布时间并没有统一的规定，一般说来都不得少于 7 天，而各地按照实际情况可以适当延长期限。但是在实践操作中，有些事业单位临近报名开始时间才发布招聘信息，甚至有的信息公示时间仅仅 1—2 天，远远少于国家规定的至少 7 天的要求，这样很可能出现当考生看到招聘信息时，报名早已截止的情况。这也是造成人才流失、事业单位难以引进优秀人才的重要原因之一。

3. 公告发布渠道单一

关于公告发布渠道的规定都散见于各地区的法律法规或相关政策，没有统一的规定。首先，各地区关于公告发布渠道仅仅限定在地方政府网站、人事考试网站或其他官方网站中，且仅在其所在地区发布，受众范围极小。其次，只是通过官方网站，并没有通过其他如报纸、广播等媒体宣传，宣传范围也是极其狭窄的。甚至有的事业单位招聘时，仅靠内部员工“口口相传”的方式来散布招聘信息，大大地缩小了可选择的优秀人才范围。

4. 公告缺乏可操作性

公告作为一种客观载体，是公招的规则依据，应当简洁明了，便于操作，并对公招的各个环节做出明确细致的规定。但是目前事业单位公开招聘的公告，往往规定过于原则，对于实践中的具体问题不能提供解决方案，给公招工作造成困扰，缺乏可操作性。

5. 公告内容涉嫌违法

公告依据事业单位的实际工作岗位需求而设定，只有科学地设置工作岗位才能有效地对岗位进行管理。但是实践中，有时存在设置歧视性、指向性条件的违法情形，导致科学招聘成为空谈，还会引发地方保护主义和权力腐败。一方面，由于对工作岗位缺乏清晰的认识，公告在制定时可能设置歧视性的条件。另一方面，由于传统观念影响，按需设岗很难实现，可能会出现“量体裁衣”的情形和“因人设岗”“以岗择人”等指向性的条件设置，这是明显违反法律法规的强制性规定的。

6. 公告缺乏明确解释主体

公告作为公招的规则依据，对公招的各环节进行了全面的规定，但是实践中情况复杂，往往会出现公告的内容无法涵盖所有问题的情形，而公告缺乏明确的解释主体，对问题的处理以及解释没有明确的责任主管部门，各部门之间相互推诿，问题无法得到及时恰当的解决，这对于公招的顺利进行造成了很大的阻碍。

7. 公告与方案重复

招聘公告不同于招聘方案，公告并不是方案的简单重复，其面向社会发布，供考生阅读和社会监督，详细明确了招聘对象的范围、岗位和报考条件、程序和时间安排、考试科目、成绩计算原则和淘汰方式、开考比例等。公告是考生报考事业单位的报考指南，一切报考项目以公告为准，考生可以对其进行监督。在事业单位公招中，方案的拟订与公告的发布是不同的环节，相较于招聘方案，招聘公告没有那么复杂，因为公告本身的产生就是以方案为依据，由于其面向社会与考生，因此公告的表述应当尽可能准确简洁、没有歧义，给考生以正确的指引。公告并不是方案的简单重复，实践中往往会出现招聘公告的内容与方案的内容简单重复的情况，这显然是因为没有清楚认识到公告与方案的差异及其各自的侧重点。

（三）典型案例

案例一：苏州殡仪馆服务员要求经济学本科“储备人才”案件[①]

2017年苏州市市属事业单位公开招聘岗位发布，苏州市殡仪馆的“殡仪服务员”一职，要求“经济学专业”的本科毕业生。在这类招聘中，其他地区的相同岗位一般都是不限专业的，但有的会要求一定年限的从事遗体火化和整容等工作的经历。对于此次招聘，有网友质疑为“萝卜招聘”，即设定特殊的学历等要求，以保证符合要求的个别人能应聘成功。官方回应称，殡仪馆服务员招收经济学本科，是因为业务中会有些经济往来，比如用车、收费等。

在苏州市人力资源和社会保障局的官网上，该招聘的岗位简介表显示，苏州市殡仪馆此次招聘2个岗位，1男1女，岗位名称为“殡仪馆服务员”，岗位简介为遗体接运、火化、整容等。开考比例各为3∶1，招聘人数各为1。这一岗位的学历要求为“本科”，专业要求则是“经济学”，其他条件是具有2年及以上工作经历。

2017年2月17日，苏州市人力资源和社会保障局回应，殡仪馆服务员一职招收经济学本科，是由于其工作内容中还涉及经济业务洽谈，也就是殡葬业务中会有些经济往来，比如用车、收费等，这是该单位的需求。该局负责招聘政策咨询的人介绍，往年，该单位招的都是专业对口的人，但是也会有饱和的状态，所以这次需要综合类的人才。

苏州市殡仪馆一业务科工作人员也在随后确认，此举是为了储备人才。“他们进单位后干的还是殡仪馆服务员接运遗体等活儿，但我

---

① 苏州殡仪馆服务员要求经济学本科，否认萝卜招聘：是储备人才［EB/OL］.（2017-02-18）［2018-06-29］. http://mini.eastday.com/a/170218073351693.html.

们主要还是为了之后的发展储备人才。”该工作人员称，以后从事经济管理等工作还是要从基层做起，所以他们在殡仪馆服务员一岗位招收的是经济学专业本科生。

案例二：西部某地教师招考案件①

2017年3月，就读于西部某高校学院“汽车服务工程”专业的学生曾某，以应届本科毕业生身份，报考了2017年西部某地教师公开招聘考试，应聘该地某职业技术学校汽修专业课教师岗位，学历要求“本科及以上”，专业要求“汽车维修工程、机械设计制造及其自动化”。曾某被一个查不到的专业名称“卡住了”：汽车维修工程。在普通高等学校本科专业目录中，并没有“汽车维修工程”专业，而她所学专业“汽车服务工程”则明确属于“机械类”专业，与自己所报岗位要求的另一专业“机械设计制造及其自动化”，同属“机械类”，专业代码分别为080208、080202。曾某回忆，她报名时，报名系统还同时提供了“相同专业”“相近专业”两个选项供她勾选，所以她选择了“相近专业”。4月16日，曾某通过资格初审，参加笔试，获得笔试第一名，进入面试。5月20日，曾某通过资格复审，最终取得面试第一名。5月26日，她接到当地教育局工作人员来电，通知她前往区教职工管理中心就相关问题进行面谈，告知她被人举报，因所学专业与报考专业不符，将无法参加随后的审核，同时表示这是审核工作人员的失误，其所学专业为“汽车服务工程”，而该岗位招收的专业为“汽车维修工程”或“机械设计制造及自动化”，要求一字也不能差。

突如其来的意外，令曾某“有点蒙”，最终她在工作人员劝说下，手写了一份自愿放弃应聘资格的说明。就在她写完说明的当天，当地

---

① 胡志中. 设置一个查不到的招聘专业，请问谁能报考［N/OL］. 中国青年报，(2017-07-14)［2018-06-29］. http://zqb.cyol.com/html/2017-07/14/nw.D110000zgqnb_20170714_1-08.htm.

教师公招的综合成绩对外公布了。结果显示，曾某成绩虽在其所报岗位应聘者中排名第一，但因专业不符合，取消体检资格。

当地人力资源和社会保障局工作人员表示："公开招聘方案、专业设置均是报请当地机关事业单位人才引进工作领导小组同意后才实施的，而对考生的资格审查贯穿招聘过程始终。曾某确实取得了相应的成绩，但因审核问题导致她止步于后续应聘，是我们有错在先，应该赔礼道歉。教育局已经对负责此项工作的老师进行了处理，招聘过程也在做进一步的完善。"就曾某提出所招专业"汽车维修工程"查无出处、有"相近专业"选项却不招"相近专业"等疑问，当地教育局工作人员表示，教育部的本科专业目录是"指导性目录"，"不是强制性目录"，公招岗位专业是基于"宜宽不宜窄"的原则，参考教育部相关专业目录，结合岗位课程要求来设定。职业技术学校汽修专业课教师特别难招，看重的是教师的动手能力，当时设置专业是参照《普通高等学校本科专业目录和专业介绍（2012 年）》"汽车维修工程教育"专业设定的，而非"汽车服务工程"专业。同时，因为该岗位倾向于实际操作，所以设置专业名称的时候，去掉了其中"教育"二字，进而出现"汽车维修工程"无处可查的情况。

二、法学分析

（一）法律关系主体

事业单位招聘公告的发布阶段，所涉及的法律关系主体主要是指：在公告发布阶段过程中享有一定权利并承担相应义务的组织、机构或个人。主要涉及的法律关系主体主要有以下四类：

1. 公告发布主体

理论上公告发布主体仅为招聘单位本身，但是实践中上级主管部门、组织人事部门、党委也会统一发布公告，因此，以上单位统称为公告发布的主体。公告发布各主体根据编制计划。按照法定程序通过公开招聘、公平竞争、择优引进人才的机构或组织，具有用人的权利能力和用人的行为能力。

2. 考生

考生主要是指认同公告规则，符合公告条件的报考人员。

3. 指导监督机关

指导监督机关包括上级主管部门以及组织人事部门、纪检监察部门。组织人事部门以及上级主管机关作为事业单位公招的主管机关，在招聘工作中对招聘单位具有监督、指导、管理的责任。而在事业单位公开招聘的公告发布环节中，组织人事部门、上级主管部门以及纪检监察部门要对招聘单位的公告发布进行程序性监督，对于违规发布公告的行为进行管理。

4. 其他单位

其他单位是指在事业单位公招方案制订环节中所涉及的除上述部门以外的单位。这些单位虽然没有直接参与发布招聘公告环节，但是会影响后续招聘工作的展开，如资格审查阶段的教育部门、体检阶段的医院、实施考务工作的部门等。

（二）法律关系客体

1. 用人单位合理用人需求

事业单位通过公开招聘为本单位输入新的血液，加强内部科学管理。而要做到科学合理的内部管理，就要在事业单位公开招聘的过程中，根据本单位内部工作岗位需求，科学合理设置岗位、明确招聘要求，为各工作岗位找到合适的优秀人才。只有通过公告明确岗位任职要求，才能吸引合适的人才。

2. 应聘人员公平就职权利

公告作为考生的报考指南，明确规定了报考要求以及报考程序，这些规则制度的出台是为了保障事业单位公开招聘的报考秩序。考生有权利选择报考与否，但是一旦选择了就必须遵守公告中的相关规定。招聘公告的公开发布，为所有应聘人员提供了平等的就业机会，尤其体现在公告中对于招聘条件的设置上。科学合理的条件能够为应聘人员提供一个平等的就业平台，反之，则会排除部分人员的就业机会。因此事业单位公开招聘的招聘信息应当以平等就业为目标而设置。

3. 有序的公共管理秩序

公告作为公招的规则依据，为有序的公共管理秩序提供了法律依据。任何一个环节的开展都涉及多个部门或组织之间的配合协作，任何疏漏都可能对公招的顺利进行造成影响，因此维护、保持一个有序的公招秩序是十分有必要的。事业单位公招作为公共管理的一部分，有必要将其秩序的维护纳入公共管理的范畴。

4. 社会诚信体系

公告的公开发布是构建社会诚信体系的一部分。首先，考生如实填写报名信息是公告的报考要求之一，这是对考生诚信的一个形式检验。其次，公告的规则不仅对考生具有约束力，对招聘单位同样具有约束力，一旦考生选择报考相应岗位，则应当按照招聘公告的要求如实履行考生义务，而招聘单位也同样需要按照公告的规则来公平公正地组织考试考核，择优录取，这是构建社会诚信体系的必要环节。

（三）权利义务关系

1. 考生与单位之间的履约行为

公告的性质决定了招聘单位在公告发布阶段要满足考生的知情权，考生在报名确认时具有服从公告条款进行应聘的义务。公告作为一个面向社会的契约，具有合同契约的性质，考生选择了报考，便接受了公告中所规定的报考要求以及报考程序，应当严格遵守。而招聘单位作为发布公告的主体，也是合同契约的另一方，应当充分保证考生的知情权。这主要体现在公告的发布方式应当尽可能开放，使得尽可能多的公众了解到招聘信息，同时，公告的发布时间应当保证有一定的传播期间，使招聘公告被广大群众知晓。

2. 围绕指导监督机关与招聘单位之间的监督管理关系

监督机关对招聘单位的公告发布进行程序性监督，对于违法乱纪行为进行惩处；而招聘单位应当严格按照法律法规所赋予的自主招考权限，公开公平公正地选拔人才，不偏不倚，择优录取。

3. 其他单位与考生之间，介于招聘单位与考生之间的第三方服务关系

公告的发布使得考生获得了公招过程中提供服务的第三方的信息，这既是考生据此获得服务的保证也是第三方提供服务的依据。

（四）核心要点

1. 公告的性质

公告面向社会公开发布，明确公告的性质有助于解决公告的责任承担问题。首先，公告具有特殊民事契约的性质，其根本目的在于实现考生与招聘单位之间契约的签订，具有自愿性、平等性、合规性的特征。该民事契约的签订是基于考生与招聘单位双方自愿达成，两个民事主体之间具有平等的地位，同时该契约内容受到法律法规的制约。其次，公告具有特殊行政公告的性质。行政公告是指行政主体依法履行职权，为实现特定的行政目标，通过公告形式，将与行政职权行使相关的信息向社会公布的一项行政法律制度。从行政公告的概念出发，事业单位公开招聘的公告也具有行政公告的性质，事业单位招聘人员的工作是行使行政管理职能，是依法履行职权的行为。但是从另一角度来说，将招聘公告定义为行政公告也存在一定的问题，因为在公招过程中，发布公告的主体招聘单位不完全为行政机关。典型的行政公告如交通管制、拆迁通告与招聘公告之间还是有一定的差异。

招聘公告的发布并不是对于每一个人都有效，而是只有认同公告内容并与此达成合意报考了事业单位公招的考生才受其约束，因此公告在一定程度上还反映了人们的意思自治，是广大考生的自由选择。综上所述，本书认为公告兼具了民事契约与行政公告两者的性质。但是由于公告双方的主体不是完全的平等主体，因此将其定义为民事契约仍然存在理论难题，其性质仍有待于今后立法的明确规定。

2. 公告涉及歧视性问题

事业单位公开招聘面向社会公开进行，择优选拔人才，因此对招聘条件、范围、对象、成绩计算方法、加分政策、优先条款以及体检标准等条件的设定应当具有合法性与合理性，既保证录用人员的质量，又能保证社会的公平与正义。但是就目前的事业单位公开招聘中存在的普遍问题来说，公平与正义的完全实现仍然有一定的局限性，歧视性条件设置仍然在公告中屡见不鲜。常见的有学历限制、户籍限制、性别限制、年龄限制、社会背景限制等。

第一，户籍限制。

《中华人民共和国宪法》（以下简称《宪法》）、《中华人民共和国就业促进法》（以下简称《就业促进法》）明确规定了公众平等就业的权利，然而不少地方事业单位为促进本地就业，将工作岗位招聘条件限制到本地户籍，这严重违反了我国法律的强制性规定。《新京报》刊载了一则题为《五省区事业单位招聘被指歧视》的评论，点名批评浙江、陕西、甘肃、广西、江西五省区发布的事业单位公招公告涉嫌年龄和户籍歧视。2013 年以来，国务院办公厅连续两年在“关于做好全国普通高等学校毕业生就业工作的通知”中反复强调：“不得对求职者设置性别、民族等条件，招聘高校毕业生，不得以毕业院校、户籍等作为限制性要求。”对于户籍的条件设置明显构成对非本地人群的一种歧视，理当摒弃。

第二，学历学籍限制。

目前，国内的学习形式分为“全日制、成人教育、自考、函授、网络教育、党校”等多类，很多招聘单位并没有准确理解不同学习形式和表述之间的差异，导致词不达意或前后矛盾。以最常限定的“全日制”学习形式为例，单纯的“全日制”表述就包含普通班和成教脱产班两种形式，而“全日制普通班毕业”的表述则不包含成教脱产班。对学历学籍的限制是招聘单位对相应工作岗位的人员需求，不同的工作岗位针对不同的专业性人才，单位有权如此设定，因此对学历学籍的限制并不构成就业歧视。但是招聘单位在设定学历学籍限制时，应当根据实际的工作岗位需求，联系教育主管部门，搞清楚不同学习形式之间的差别以及不同学习形式的限定该如何表述。

第三，性别限制。

事业单位各行各业工作性质内容不一，不同的工作岗位的确需要不同性别的人员，因此事业单位在公招的条件设置中往往会出现对性别的要求。但是根据《宪法》《就业促进法》男女平等的规定，该规定明显是违法的。招聘公告为避免歧视性条款的设置，可以对工作岗位性质进行合理描述，引导不同性别的考生报考。

第四，年龄限制。

首先，要明确一个观点，在事业单位公开考试招聘中，年龄要求是必需的，不可能不做要求，否则可能招聘到一个七八十岁的工作人员。现行法律法规政策对于事业单位招聘的年龄无具体上下限的要求，但是事业单位公招应当有年龄限制，而且设置年龄上下限要求应当充分考虑《中华人民共和国劳动合同法》《中华人民共和国社会保险法》的相关规定，由用人单位根据工作性质具体规定，但是同一单位同一工作岗位应当有统一的标准。

第五，外语、计算机等级或其他职业证书、政治派别、民族限制。

事业单位公开招聘往往对职称资格做出了一定的限制，这些限制有的具有一定的合理性，而有的却构成歧视。如实践中对英语四六级的成绩要求往往与工作本身需求毫无关联，这显然是有问题的。但是若根据工作的实际情况，与工作有直接、必要关系，则可以设置一些职称条件，这并不构成歧视性条件。但是要注意的是，招聘单位在对条件进行设置时，一定要明确招聘本意是什么，准确表述，否则极易出现词不达意的情况。

第六，少数民族成分限制。

少数民族在一定的工作岗位和工作环境具有一定的优势，这也是不少少数民族地区事业单位公开招聘中对民族成分进行限制的原因。但是这种少数民族成分的优势并不是必然的，因此，针对少数民族岗位可以通过加强民族语言笔试面试的测试来衡量考生的综合水平，不应当一概限定必须为少数民族。

第七，工作经验限制。

招聘单位对工作经验的要求本意为通过招聘条件的限定排除毫无工作经验的考生。对于招聘单位来说，一个毫无工作经验的员工要耗费单位资源来进行培训等各项业务训练，而具有工作经验的员工能够很快把握工作要义，降低时间成本。但是，从一般事业单位公招的工作岗位来看，工作经历和工作能力本身没有直接的必然联系，也就是说，工作时间长，不一定工作能力强。实践中，部分事业单位公开招聘公告中对工作经验做出相应的要求，这对于刚毕业的考生构成了一种间接歧视。因此在扩大选人用人范围的基础上，应当将主观标准客观化，可以通过结合相应的职称或职业资格限制来对是否胜任工作做出综合判定。

第八，毕业院校限制。

公告中对毕业院校进行限制的本意是该类院校毕业的考生中选拔

优秀人才概率更大，但是这类规定显然违反了《就业促进法》的相关规定。因此，事业单位在公开选拔人才时，不应当仅将范围限定在部分高校，这样排除了大部分其他院校的毕业生，构成歧视，排除了其他高校毕业生平等就业的机会。

第九，体检标准对部分人群限制。

目前我国事业单位公招并无权威统一的体检标准，但是仍然存在例如公务员录用体检标准、教师录用体检标准等多个体检标准，对于不同体检标准的选取都会在一定程度上造成对不同群体的排除。但是作为一个选人用人的必经程序，体检标准必须选定一个，只要不是为了某一个或某些特定者而特别选定体检标准，就不会导致歧视问题产生。

第十，专业限制。

《人力资源和社会保障部关于事业单位公开招聘岗位条件设置有关问题的通知》（人社部规〔2017〕17 号）规定："专业设置必须与招聘岗位相匹配。原则上应从宽确定专业要求，同一岗位可设置一个或多个相近的适合岗位要求的专业，也可按专业大类设置专业条件。对没有专业要求的招聘岗位，可设置为专业不限。""专业名称要准确、规范，具体可参照当地省级组织、人力资源社会保障部门制定或确定的公开招聘事业单位工作人员或考录公务员专业参考目录，也可参照教育部门的专业目录，并在招聘公告中明确相应的专业参考目录。"实践中，事业单位公招往往对专业有所规定，只要与岗位有关，招聘单位可以设定一个或几个专业限定，其他单位或考生无权质疑，这是单位用人自主权的体现。但是招聘单位及主管部门在设置专业限制时有义务核实清楚高校的相关专业设置情况，并且准确表述，确保无异议，以免资格审查等环节引发争议上访。

2017 年 3 月 25 日，内蒙古民族大学历史学硕士毕业的刘瑞玲，参加了山西省吕梁市市直事业单位公开招聘考试，应聘一所学校的历史教师。经笔试，她与其他 5 位入选者从 200 多人中脱颖而出，进入面试前的资格复审。然而 4 月 14 日，刘瑞玲在吕梁市人力资源和社会保障局进行资格复审时，却被认定为“填报虚假报名信息”，并被取消面试资格。理由是，招聘计划要求是“历史学”专业，而她毕业证上的专业是“世界史”，不是“历史学”。2017 年国家公务员考试专业科目分类对照表上，“学科分类”中，“历史学类”的本科专业名称里，包括“历史学”“世界史”“世界历史”等，而研究生专业则包括“世界史”，无“历史学”。但无论“历史学”还是“世界史”，均属“历史学类”。山西省人力资源和社会保障厅发布的关于全省事业单位公开招聘人员工作的文件也要求，招聘方案必须严格遵守国家和山西省有关规定，要对招聘的岗位名称及数量、要求条件、招聘的时间安排、采用的招聘方式以及体检考察办法等进行准确、详细的表述。专业要求在满足岗位需求的情况下要尽可能放宽，专业的表述要规范、严谨、准确，符合国家有关规定，不能产生异议。

对此，吕梁市人力资源和社会保障局工作人员表示：“初审阶段我们只能通过考生填写的网络报名（表），对考生资格进行审核，进入复审阶段才能进一步核实她的相关证件。但无论初审、复审，审核小组均要求至少有两名以上工作人员开展审核工作。我们是严格按照相关规定执行审核，涉及专业名称，多一个字、少一个字都不允许。”同时，该工作人员表示，她所报岗位招的是“历史学”专业毕业生，而非历史学类中的全部专业，所以“世界史”并不在其中。①

广义上来看，事业单位公开招聘方案中的任何学历、户籍、年龄等条件的限制都是对某一类人群的歧视。但是事业单位所涉及行业类

① 胡志中. 在吕梁，世界史不是历史学［N/OL］. 中国青年报，（2017-06-09）［2018-06-29］. http://zqb.cyol.com/html/2017-06/09/nw.D110000zgqnb_20170609_1-08.htm.

别广，对不同的工作岗位本来就有不同的人员需求，因此对于设置条件是否构成歧视应当选定一个参照标准。在目前的理论与实践中，对歧视的认定一般以大多数人的标准为评价标准，也就是某一条件的设置若对大多数人来说构成歧视，那么该条件的设置具有歧视性，而招聘单位公告中设置的限制性条件，必须根据工作实际需求设定，必须要明确是不是该工作的真正需求，否则在发布公告时，招聘单位很容易以工作需求之名，设定一些歧视性或指向性条件。总之，为确保公民的平等就业，事业单位公开招聘必须禁止歧视性或指向性条款的设置，为广大考生提供一个公平的准入标准。

3. 加分规则

2012 年 11 月 23 日，湖南省新化县人力资源和社会保障局在县政府网站上发布《公开招聘事业单位专业人员公告》，公告中并没有出现给予特定群体加分的规定。而此前湖南省江华瑶族自治县发布的《2012 年公开招聘事业单位工作人员公告》中，却有一项“卫生加分”：“对在我县各医疗卫生机构临时聘用的人员实行工龄和专业技术职务累计加分。其中取得初级（士）职称（含执业助理医师）的加 3 分；取得初级（师）及以上职称（含执业医师）的加 5 分；在我县各医疗卫生机构临时聘用的临时人员每满一周年加 1 分，工作年限加分最高不超过 5 分；累计加分不超过 5 分。加分加在笔试成绩折合之前。”有考生认为，这一加分违反了《湖南省事业单位公开招聘人员试行办法》第十六条规定：“除国家或省有统一政策规定的外，各市（州）、县（市、区）不得擅自设置笔试、面试和综合成绩加分条件。”①

① 郎淑静.《湖南江华事业单位招聘“灵活面试”起风波》舆论监督系列报道［D］. 南宁：广西大学，2013.

事业单位公招加分乱象引起的争议并不是今年才开始出现，虽然国家目前对此并没有明确的统一规定，但是不同的地方在定向招聘时制定不同的加分规则，并且标准不一，容易引发社会舆情。

对此，有专家表示：“公开招聘本身是为了实现考试的公平公正，任何加分都既是对特殊群体的照顾，也是对其他群体的一种歧视和对平等就业权的一种限制，这也是一种理论悖论。”加分政策在实践中是可行的，只不过需要谨慎对待，不能随意制定加分规则。一般而言，加分规则的制定必须要有法律的授权，随意加分容易带来权力腐败，给社会风气带来负面影响。此外，加分也应当兼顾两个基本原则：其一，照顾原则，即加分是出于对于特殊群体的照顾，如为了鼓励大学生到基层工作，“大学生村官”服务期满后报考事业单位给予一定的优惠，这是合理的；其二，加分原则应给予优秀人才引进的渠道和空间，即加分的标准必须要让其他优秀人才有竞争的可能，这也是出于选拔优秀人才的考虑。在实践中加分政策的实行，应当确定加分政策边界，细化加分标准，既要有法定的授权，也要有民意的反馈，在执行过程中真正做到程序规范公平。

4. 公告中的其他规则

一般来说，笔试和面试是事业单位公开招聘考试中所采用的两种主要的方式。在考察人员能力素质方面这两种招聘方式会各有侧重：笔试主要是对招聘人员的基础知识、管理知识、专业知识以及综合分析的能力、文字表达的能力等这几个方面的水平所进行的测试；而面试作为一种由一人或多人发起的主要以收集信息和评价应聘者是否具备任职资格为目的的对话过程，则在对求职者的交往能力、应变能力、口头表达能力以及某些潜在的专业素质等方面的考察具有独特的优势。[1] 虽然通过笔试、面试可以比较客观地对考生的综合素质进行考察，但是不可能得到完全准确的考察，尤其是面试环节具有一定的主观性，无法在一个较短的时间内全面评价考生的整体能力水平。因此，在拟定公告阶段，合理设定笔试科目，科学确定面试形式对于选拔优秀人才具有重要意义。但是，目前我国各地方事业单位招聘考试的笔试题和面试题缺乏相应的试题编制方面的条例，对于面试考官的选拔资格和面试过程的具体实施也缺乏具体的法规条例，对于事业单位公开招聘整个过程的监督管理缺乏有效的法律法规依据。[2] 因此，在对考生进行考核时往往缺乏一致的客观标准。相对而言，笔试成为综合素质评价中较经济、客观的一种形式，也是必不可少的一种考试方式。发布公告环节也会对笔试、面试成绩占总分的比例进行规定，一般而言，笔试成绩比例较大，而面试成绩比例较小，这符合客观标准衡量的原则，避免了面试中考官的主观臆断成分过大。

公告中还对公招各环节的其他条件进行了硬性规定，比如时间的限定条件等。对于这些条件，只要是科学合理的，符合法律法规的就是没有问题的。至于其他的限定条件，只要是招聘单位根据自身工作需要来制定的规则，就不存在歧视问题，这也是用人单位自主权的体现。

5. 追责问题

追责问题贯穿了公招过程中的各个环节。到了公告发布阶段，会出现责任主体的确定问题，例如当公告中出现歧视性条件、加分规则或规则制定不合理的情况应该如何处理。此时，应当明确问题性质本身，根据问题的不同性质来认定责任主体，寻找其问题源头，究竟是

① 范娇．我国事业单位公开招聘方式研究［D］．太原：山西大学，2013.
② 范娇．我国事业单位公开招聘方式研究［D］．太原：山西大学，2013.

招聘方案的拟订问题还是公告的拟定问题，根据不同的问题性质按照法律程序依法追责。

三、对策建议

（一）合理拟定公告，树立规则意识

公告作为一种客观载体，是公招的规则依据。因此拟定公告时，应当充分考虑各种情况，合理设定条件，增强规则意识。在我国建设法治国家的进程中，没有规则意识，民主和法治都是空谈，具体到事业单位公开招聘中，规则是公招有序开展的基本要求，但是仅有规则而不遵守是没有办法保证公招正常进行的，目前公招过程中所出现的违法乱纪行为从根源上讲，都是因为没有一套行之有效的规则对其进行规制，因此导致公招出现随意与任意性，甚至缺乏公正性。规则意识是社会秩序与稳定的保障，是社会诚信文明的保证，也是社会公平与效率的保证。因此为了维护事业单位公开招聘的稳定秩序与其社会公信力，必须使规则意识深入人心，保障公开招聘的顺利有效运行。

（二）依规发布公告，确保及时到位

事业单位公开招聘的一个重要环节在于招聘公告面向社会公开发布，要做到公开、公平、公正原则。因此对于公告的发布必须按照规定的时间、规定的渠道发布到位，达到规定的时限，扩大招聘信息传播渠道，使得更多的公众知晓，扩宽受众范围，选拔单位所需的人才。只有这样才能真正实现公开招聘的公开原则，避免内部招聘、人情招聘，为公众提供平等的就业机会。

（三）扩展发布渠道，丰富公告形式

事业单位公开招聘信息的受众面大小，决定了能参考人数的多少，也决定了可供事业单位选择的优秀人才的多少。因此，为了扩大人才引进的途径，建立健全多样化的信息发布渠道和平台系统是非常

有必要的。同时，注意充分利用本地有关新闻媒体进行广泛宣传，努力扩大公开招聘信息的覆盖面。[1] 除了必需的网站公告，还可借助其他媒体宣传。

（四）明确解释主体，落实解释责任

事业单位作为公开招聘的主体，在整个招聘过程中起着非常重要的作用。通过前文中所描述的各种问题，我们可以看到，在拟定公告环节，各类问题招聘产生的原因大多在于公告内容过于原则，实践中缺乏可操作性。而公告缺乏可靠的解释主体，对于模糊性条款设置没有相关责任部门进行解释，问题难以有效解决。因此落实公告解释责任对于事业单位公开招聘的顺利进行具有重要意义。

四、延伸思考

问题一：受过刑事处罚的人员能否报考事业单位

《中华人民共和国公务员法》第二十四条规定，下列人员不得录用为公务员：（一）曾因犯罪受过刑事处罚的；（二）曾被开除公职的；（三）有法律规定不得录用为公务员的其他情形的。据此，受过刑事处罚的人员不能报考公务员。刑事处罚是最高级别的处罚形式。针对受刑事处罚的人，国家有一套改造体系，理论上来说这套改造体系是有用的，受过处罚的人能够重新回归社会，从事相应的行业，但是对于公务员却是严令禁止。严禁的原因主要在于受刑事处罚触犯了公职人员的公正廉洁性。目前事业单位公招公告中并没有对受过刑事处罚的人员进行特别的限制，禁止其报考事业单位。因为与公务员不同的是，事业单位工作人员所依靠的主要是其自身的专业能力，与其是否受到过刑事处罚无较大联系。

---

① 刘霞. 提高事业单位公开招聘的自主性［J］. 中国卫生人才，2010（9）：8.

但是事业单位作为社会公共服务性质的机构或组织，对于受过刑事处罚的人员也应当有所限制，这是出于社会公共利益的考虑。但是这种限制也不能毫无规制，否则会造成对受过刑事处罚的群体的一种歧视。我国目前就业本不充分，未受到刑事处罚的人尚就业困难，受到刑事处罚的人就业更加困难。国家应对此有相应原则性或具体性的规定，分不同情况分别处理，针对故意与过失、社会危害性大小的不同而分别设定条件，不能一概而论地禁止。例如对社会危害性大而受到刑事处罚的人员应当禁止其报考事业单位公招，这是出于社会可接受程度的考虑；而对于道德要求较高的工作岗位也应当限定，这是岗位自身的要求。例如学校在招聘老师时，就必须将曾因侵害儿童犯罪的报考人员排除在外。这不是一种变相的歧视，而是出于保护学生安全的考虑，是需要慎重抉择的。

问题二：能否依据公告提起行政诉讼或行政复议

有权利就应当有救济。在事业单位公开招聘的过程中，当公告规则侵害考生权利时，考生能否直接对公告提起行政诉讼？

关于此问题司法实践已经给出了答案。2010 年 12 月 23 日，中国人民银行西部某省分行在媒体上发布《招录行员启事》，其中第一条规定了“招录对象”：“2011 年普通高等院校全日制应届毕业生，具有大学本科及以上学历的经济、金融、计算机、法律、人力资源管理、外语等相关专业的学生，男性身高 168 厘米以上，女性身高 155 厘米以上，生源地不限。”蒋涛看了启事之后，认为该分行的招录公告是对包括自己在内的因身高不符合上述条件的报名者的歧视，侵犯了其享有的宪法赋予的担任国家公职人员的平等权，因此向属地人民法院提起行政诉讼，请求法院依法确认该分行的被诉具体行政行为违法。

这是一起请求确认事业单位公招的公告违法的诉讼案件。虽然目前《中华人民共和国宪法》《中华人民共和国劳动法》《中华人民共和国劳动合同法》《中华人民共和国妇女权益保护法》《中华人民共和国残疾人保障法》《中华人民共和国就业促进法》等多部法律都明确规定了禁止性别歧视、民族歧视、残疾人歧视、健康歧视、身份歧视等多种歧视类别，而且就该分行的招聘公告来说，的确构成了对身高不足的部分群体的歧视，但是对于该案法院的判决为蒋涛败诉，其理由在于该公告并不是具体的行政行为。

具体行政行为，是指国家行政机关和行政机关工作人员、法律法规授权的组织、行政机关委托的组织或者个人在行政管理活动中行使职权，针对特定的公民、法人或者其他组织，就特定的具体事项，做出的有关该公民、法人或者其他组织权利义务的单方行为。具体行政行为与抽象行政行为最大的区别在于具体行政行为所针对的对象是特定的。由此，对于事业单位公招公告来说，其所针对的是广大的群众，任何人都可能成为报考的考生，因此并不具有特定性，公告应当属于抽象的行政行为，不可诉。

虽然公告属于抽象行政行为，不可诉，但是却可以考虑能否将公告纳入行政复议的范畴。行政复议是指公民、法人或者其他组织不服行政主体作出的具体行政行为，认为行政主体的具体行政行为侵犯了其合法权益，依法向法定的行政复议机关提出复议申请，行政复议机关依法对该具体行政行为进行合法性、适当性审查，并作出行政复议决定的行政行为。这是公民、法人或其他组织通过行政救济途径解决行政争议的一种方法。[①] 虽然行政复议的受案范围仅限于具体行政行为，但是却符合当前将抽象行政行为纳入复议中的改革趋势，也是符合依法治国、依法行政的精神要义，为行政相对人提供充分的权利救济途径，保障行政相对人的利益。

---

① 宗峰．发挥行政复议监督作用 推进行政权力公开透明［J］．法制与经济，2012（11）：57-58.

第五章　报名及资格审查

公正不是德行的一个部分，而是整个德行；相反，不公正也不是邪恶的一个部分，而是整个邪恶。

——亚里士多德

第一节　环节综述

一、基本概念

《事业单位公开招聘人员暂行规定》第十五条明确规定："用人单位或组织招聘的部门应对应聘人员的资格条件进行审查，确定符合条件的人员。"这是事业单位公开招聘继发布招聘公告后的第三个环节，通过受理应聘人员的报名申请，进行资格条件审查，这是各类考试均有的必要环节。《人力资源和社会保障部关于事业单位公开招聘岗位条件设置有关问题的通知》（人社部规〔2017〕17号）规定："资格审查工作由用人单位或主管部门负责，事业单位人事综合管理部门负责监督，审查过程中要严格把关，确保相关材料真实、准确、有效。

负责资格审查的单位和人员要认真履职，严格按照有关政策规定和招聘公告确定的招聘条件进行资格审查，准确把握审查标准，统一审查尺度，不得随意放宽招聘岗位条件。实施网上报名的，可在资格复审阶段查看原件。对没有通过资格审查的人员，用人单位或主管部门有义务接受其询问并告知其原因。”但是，关于报名与资格审查的法律规定较为笼统简洁，并没有对该程序的具体细节进行明确规定，只能散见于其他地方性法律法规的规定。比如《广东省事业单位公开招聘人员办法》第十一条规定了公开招聘可以采取网上报名或者现场报名的方式，而且明确了报名时间不得少于3个工作日。但是有的地方性法规也只是模糊性的笼统规定，比如《山东省事业单位公开招聘人员实施办法》只是在第五项中笼统地规定了“招聘报名及资格审查工作在政府人事行政部门指导下，由招聘单位或其主管部门具体负责实施”。可见，在该环节各地的规定也是有详有略，制度层面的设计仍然有待完善。

报名是一般考试中必有的程序。具体到事业单位公开招聘，报名主要是指考生通过互联网点击报考确认或通过现场提交报名表来完成报名申请的过程。从考生点击报考确认或是提交报名表的那一刻起，考生与招考单位之间就围绕着招聘公告形成了一种契约关系。但是在报名环节中还应当具体区分报名申请与报名缴费两个环节。在实践中这两个环节是分开进行的，一般来说，缴费在报名申请之后才发生。报名的意义在于考生与招聘单位之间关于公告的契约关系成立，但是在缴费之前该契约关系并未正式生效，也就是说考生在报名之后缴纳报名费之前并不产生相应的责任，因为契约关系并未生效。而考生在选择报名并按照规定期限缴纳报名费后，才表示自愿接受公告的约束，考生与招聘单位间的契约关系此刻才正式成立。

资格审查始终贯穿事业单位公开招聘工作的全过程，主要涉及网上资格审查、面试资格审查、考核资格审查和审核资格审查四个环节，主要是对考生的报考信息如学历、学籍、年龄、职业资格等各方面的信息进行全面审查，确定符合条件的人员。公招过程最开始的资格审查是一种形式审查，除极少数现场资格审查之外，大多数都是工作人员通过计算机后台对相关资料进行审查，而之后的面试资格审查、考核资格审查、审核资格审查都需要考生携带相关证明文件在现场进行必要审查。

二、实践中存在的问题

近年来，我国事业单位公招工作受到了社会各界的广泛关注，社会对此褒贬不一。一方面，事业单位通过公开招聘选拔了大量的优秀人才；另一方面，在招录的过程中所暴露出来的种种问题也受到了社会各界的质疑。目前的考录制度仍然存在一些不合理之处，在报名及资格审查环节，主要表现在以下几个方面：

（一）考生对报考行为性质缺乏准确认识

这个问题不仅出现在事业单位公开招聘中，在其他的资格考试中也非常普遍。由于规则意识的缺失，考生常常忽略了公告规则的重要性。具体到公招的报考中，很多不符合报考条件的考生也参与报名申请，单纯以为只要考上了，通过了笔试面试，这些硬性规定都是可以调整的，没有充分认识报名确认的意义。实际上，在事业单位公招中，一旦点击报考确认就是对招聘公告中招考条件的全盘认可，并没有可以调整的余地。

（二）审查过程缺乏明确的法律依据

目前在我国的法律制度层面，无论是对公务员招录，还是事业单位人员招录，资格审查的各个环节缺乏统一上位法规范，各地的做法也不相同，主要表现在资格审查的主体、程序和标准方面都不明确。

就从资格复审的情况来看，资格复审的主体存在三种情况：①招录机关负责；②招录机关与公务员主管单位各自负责；③成立专门的复审小组。哪一种资格审查方式适合成为资格审查的主体，国家并没有形成统一的意见。[①] 在各主体之间的权限以及职责也存在不明确的地方，审查程序不一，进而产生各种分歧。

（三）审查中存在不作为、乱作为现象

不作为、乱作为，是资格审查工作中经常出现的乱象，主要是由资格审查工作人员的失职导致的。具体而言，不作为是指在资格审查环节中，工作人员消极怠工，应当审查的不审查，使那些不符合条件的考生浑水摸鱼通过了审查；而乱作为则是指应当审查合格的因为工作人员失误而被审查不合格，审查条件本为不合格却意外合格通过。两种情况都会极大地损害考生本人及其他考生的利益。

（四）缺乏局外裁判监督

资格审查是招聘单位或主管单位对考生的信息真实性的审核，一般来说审核程序或审核标准也由上述两个单位来制定。在该环节中，运动员与裁判员全由同一人扮演，其中的权力制约机制必然有所欠缺。在无局外第三人的监督下，很容易引起权力寻租或是腐败现象。

三、典型案例

案例一：福建医科大学网上报名被拒案件[②]

24 岁的漳州女孩小刘，报名漳州市事业单位招考，网上报名就被拒之门外。7 月，她从福建医科大学的公共事业管理专业毕业。次年 5 月，她参加漳州市事业单位招考报名，报考了漳州市皮肤病防治院

---

① 邢占军，曹东卿．公务员考录资格审查的梳理与思考［J］．行政论坛，2013（4）：49-52.

② 肖和勇，陈青松．同学都进面试，我却专业不符？［N/OL］．海峡都市报，（2014-07-13）［2018-06-29］．szb.mnw.cn/html/2014-07/13/content_4271716.htm.

社防科、石亭镇中心卫生院医务科。可这2个报考岗位的报名系统很快显示，小刘“审核未通过”。漳州市公务员局答复称，小刘毕业证上的专业与报考岗位的具体专业方向要求不符。福建医科大学很快为小刘发放了证明，证实该校公共事业管理专业等同于卫生事业管理专业、公共卫生管理专业和公共卫生事业管理专业。事后，小刘和父亲先后致电、找到漳州市公务员局。可得到的答复都是，所学专业与岗位专业要求不符，无法报考。福建医科大学就业服务中心负责人称，在考生资格审查阶段，他们发现网上报名填报的专业信息与毕业证上的专业信息不一致。公共事业管理是一个大类别专业，下面有不同的小类别方向，不能一概而论，“所以，我们当即取消了这名考生接下来的参考资格，至于考生学校出具的专业证明，该证明可信度不高”。

该案件发生的根源在于省公务员局公布的招考专业指导目录与教育部的招生专业目录脱节。目前教育部公布的招生目录里，只有公共事业管理专业，根本就没有公共事业管理（卫生管理方向）。而这种称谓，在事业单位招考专业指导目录中却有，两者衔接出现问题，最终给学生就业出了难题。而在现行法律法规和制度体系框架下，必须严格按照公告条件设置和要求进行资格审查，漳州市公务员局的行为是有理有据的。

案例二：府谷司法局正副局长学历均造假案件①

2009年，“府谷司法局正副局长学历均造假”在网上引起了广泛的关注。而相关调查组在取证调查后，核实了相关传言，证实府谷县司法局副局长刘利荣存在学历造假，干部考察组在考察过程中存在考察失实的情况，按照有关规定，对其本人和相关责任人员进行了严肃

---

① 申亚欣. 陕西省府谷县司法局副局长学历造假被免 [EB/OL]. (2012-05-22) [2018-06-29]. http://society.people.com.cn/GB/17952968.html.

处理。免去刘利荣府谷县司法局副局长职务；根据《中国共产党纪律处分条例》第一百六十五条第三款的规定，给予其留党察看处分。同时，对考察过程中把关不严、工作失误的府谷县委干部考察组原组长丁彦彪，免去其老高川镇党委书记职务；对因学历审查不严而负有责任的张明晓，免去其府谷县人社局工改办副主任职务，调离人社系统，并给予行政警告处分。

该案例突显了我国事业单位公招和公务员招考中，资格审查环节中均存在不作为、乱作为的违法乱纪行为。资格审查贯穿于事业单位公招的全过程，其目的在于能够在各个环节将不符合公告要求的考生排除在外，严格按照公告的要求招录符合工作岗位需求的各类人才。然而在实践中，由于缺乏相关文件的规范性规定，资格审查在实践环节中出现种种病态，并没有发挥其重要作用，这样才导致了类似学历造假、资质造假等负面招录事件，严重影响了事业单位公招的公信力。

第二节　法学分析

一、法律关系主体

资格审查贯穿于事业单位公招的始终，在此环节中，涉及的法律关系主体有以下四类：

（一）主管部门及招聘单位

《事业单位公开招聘人员暂行规定》第十五条明确规定："用人单位或组织招聘的部门应当对应聘人员的资格条件进行审查，确定符合条件的人员。"因此用人单位或其上级主管部门为资格审查的主体，具体负责资格审查事宜。

（二）考生

考生即申请报考的应聘者，其所填报的报考信息即资格审查的对象。

（三）人事部门

人事部门是指资格审查的监督部门，对审核考察进行最终资格确认。

（四）其他部门

其他单位是指在事业单位公招各环节中所涉及的与之相关的部门，如资格审查阶段的教育部门、体检阶段的医院、实施考务工作的部门等。在资格审查环节中，这些单位参与并协助配合审查工作的顺利进行。

二、法律关系客体

在上述四个主体之间主要体现了三种法律关系客体，这三种法律关系客体指向了报名以及资格审查环节中所保护的利益所在。

（一）公招秩序与公平性

事业单位公开招聘贯彻公开、公正、公平的原则，通过建立科学合理的公招机制吸引更多的优秀人才加入社会公共事务的建设中。对事业单位公招各环节的规范正是出于维护公招秩序、建立公平合理选人用人机制的目的。在资格审查环节，一定程度上凸显了事业单位对人才条件的需求，因此，为了给更多的优秀人才平等的竞争机会，在对人员进行资格审查时，必须建构一个合理、科学的审查标准以及审查程序，在确保审查的公平性的同时保证公招的顺利进行。

（二）组织实施的规范性

事业单位公开招聘在组织实施的过程中因为各种争议而引起社会的广泛关注，在资格审查过程中体现得尤为明显。目前我国仅有《事业单位公开招聘人员暂行规定》和《人力资源和社会保障部关于事业单位公开招聘岗位条件设置有关问题的通知》对相关问题进行了粗略规定，离制度化、精确化管理相去甚远。事业单位作为具有公共性质的组织，在选人用人的资格审查环节中更应当注重其制度建设，规范程序，扩宽选人渠道、用人视野，优化人才配置，同时加强社会、政府的监督作用，充分发挥其促进社会公平就业的功能。

(三) 社会诚信体系

资格审查的主要工作是对考生所填写的信息进行审核，剔除虚假资格报考人员。但是在实践中，由于诸多限制条件，很难在较短的时间内对考生的信息核全、核准，事业单位公招报名和资格审查环节存在大量虚假信息。事业单位公招诚信缺失的现象不仅表现为考生的失信，招聘单位或其他部门也同样存在诚信缺失的情形。这些现象都严重破坏了社会诚信体系，给我国社会诚信体系建设带来了挑战。

三、权利义务关系

(一) 主管单位、招聘单位与考生之间的审查关系

主管单位或招聘单位是资格审查的主体，因此在该环节中具有按照公告招考要求对考生的报考信息进行审查的权利。一方面，审查工作对于主管单位、招聘单位与考生来说是主动作为与被动配合的关系，考生需要按照公告中的要求填报报考信息并且配合相关部门进行审核；另一方面，对于接受审查的考生而言，考生之间具有主动监督与被动监督的关系，资格审查应当坚持公开、公正、公平的原则，考生之间可以相互监督，以此来保证资格审查的公正性。

(二) 组织人事部门扮演监督、终审角色

组织人事部门除了在资格审查过程中承担监督、管理的责任，在最后的审核确认环节还承担了最终确认报考资格的任务。一方面，在

资格审查的前三个环节中，组织人事部门充当着第三方监管的角色，对招聘单位或其上级主管部门的资格审查行为进行监督，对违法乱纪行为进行纠正并惩处，发挥其监管的职能；另一方面，在资格审查的最后一个环节，组织人事部门应当对考生的报考资料进行最终确认，发挥其终审资格的功能。

（三）其他部门的配合作用

在资格审查环节中，面对考生的海量报考信息，主管单位或招聘单位要一一核对其真实性是十分困难的，此时，其他部门的配合显得尤为重要。其他部门应当如实提供考生的相关信息，如教育部应当如实提供考生的学历学籍等相关信息，公安部应当如实提供考生的户籍、政审等相关情况。在各部门的配合下，资格审查才能高效便捷地进行。

四、核心要点

（一）资格审查的性质

资格审查涉及招聘单位、主管部门、组织人事部门等多个主体，对于不同的主体来说，资格审查的性质有所区别，体现了行政管理工作的多样性。对于招聘单位、主管部门来说，资格审查是一种契约关系的履约行为。考生通过申请报名确认，在考生与招聘单位之间围绕着公告形成了一种契约关系。在这种契约关系下，考生按照公告要求填报报考信息，招聘单位或其主管部门应当按照公告的要求对考生信息进行审核确认，确保公招程序的顺利展开，这是一种履约行为。而对于组织人事部门来说，由于组织人事部门在该环节中不仅承担了监督管理的工作，同时在审核确认中也是资格审查的主体，因此其具有对内、对外的两面效应。对内，组织人事部门履行着对招聘单位、主管部门资格审查的监督管理工作，是一种内部的行政管理行为；对外，组织人事部门也是资格审查的主体，其审核工作会对考生的招录产生影响，具有行政行为的性质，但是由于其最终的审查确认也是行政监督管理的一部分，因此对外而言，组织人事部门的资格审查兼具行政行为与内部行政管理的双重性质。

（二）资格审查程序分析

资格审查涉及网络、面试、考核、审核等多个环节，虽然都是对考生报考信息的审查，但是每一个环节都有其各自的侧重点，审查主体以及内容都有所区别。具体说来，网络资格审查、面试资格审查主体主要由主管部门或招聘单位进行，考核资格审查由主管部门进行，而审核资格审查由组织人事部门进行。我国目前法律法规中并没有对各环节的审查内容做具体的规定，但是在实践中已经形成了形式审查与实质审查的区分，高效合理地开展资格审查工作的核心在于科学使用形式审查与实质审查。

审查工作的实质是对信息真假的辨别，在公招的整套程序中一共设计了四个资格审查工作，可见信息真实的重要性，这是选拔优秀人才的第一手资料，因此应当慎重对待。但是在考虑确保信息真实性的同时应当考虑到成本的问题，形式审查与实质审查由此而来。形式审查只是通过考生所提供的资料对其报考信息进行核对，成本相对较低，简单便捷；实质审查的信息来源是资料的原本出处，即需要出具该资料的相关部门进行信息真实性的核对，而考生提供的信息涉及各个部门，实质审查的成本可想而知。

因此应当合理使用形式审查与实质审查，充分考虑各环节资格审查的可操作性、实际成本与运作效果。我们认为在网上报考、面试、审核阶段可以进行形式审查，因为在这三个环节中由于预留时间相对较短，考生人数众多，需要招聘单位或主管部门及时做出资格审查的判断结果，形式审查可以较快地帮助其做出决定，但是在考核阶段应当进行实质审查，因为在该环节笔试、面试工作已经结束，对于招聘单位或主管部门来说时间相对充裕，工作量相对较少，剩下的拟招聘人员在等待分配到各个单位部门，因此必须通过实质的资格审查，检验其信息的真实性，做出是否分配于相关部门的决定。

但是实践中，对于形式审查与实质审查的内容也难以把握，反而增加审查成本。我们认为对形式审查与实质审查的具体区分应当由相应的部门出具具体细则，明确审查内容，这样才不至于重复审查而浪费资源。例如，对于网上资格审查，形式审查的内容应当仅限于考生所填报的信息，而该报考信息只能作为考生是否进入笔试的依据，与面试环节的形式审查相区分；而进入面试环节，其审查内容应当是考生按照公告要求在面试现场所提供的材料；至于审核阶段，应当由组织人事部门根据有关规定及政策对主管部门提交的材料进行复核。这样在形式审查的三个环节中可以将审查内容区分开，避免审查的重复进行，提高工作效率。而对于实质审查的内容，则需要主管部门根据考生个人履历上所填写的关于职业证书、学历和户籍等信息的出处来源进行复核，确保报考信息的真实准确性。

（三）资格审查错误问题

上述案例“府谷司法局正副局长学历均造假案”体现了实践中资格审查不作为、乱作为的现象。在资格审查环节中，这些现象总会导致对另一部分考生的不公平，该审未审，或是该通过未通过甚至不该通过反而通过，这些都有违事业单位公开招聘公平、公正的原则。对于这类问题的追责也成为实践中一个比较难以处理的问题，《人力资源和社会保障部关于事业单位公开招聘岗位条件设置有关问题的通知》（人社部规〔2017〕17 号）中仅原则性地规定“资格审查工作中，要重视和加强与应聘人员的沟通，做好政策宣传解释工作，及时化解争议，增强招聘工作公信力”，但对资格审查出现错误的问题尚未做出回应。针对该问题，本书认为应当视不同情况分别处理。对于招聘单位或主管部门的不作为行为，应当视事件的危害程度而区别对待。对于社会危害性强、严重破坏事业单位公招秩序的事件应当严肃处理，对相关工作人员按渎职进行追责；对于社会危害性弱、尚未造成严重后果的可以采取工作处分形式即可。而对于相关部门乱作为的情形，由于严重危害到资格审查的公正性，关系到考生的切身利益，因此应当对相关人员进行纪律处分，以渎职论处。

第三节　对策建议

一、强化宣传引导，明确报考性质

在考生报考的过程中，相当部分的考生对自身条件缺乏清晰的认识，规则意识淡薄，无视公告规则的规定盲目报考，造成资格审查工作困难化、复杂化。因此，在报名阶段应当强化对公告规则的宣传，使考生充分认识到规则的严肃性与约束性，引导考生报考符合其条件的岗位，从而提高资格审查工作效率，保证后续工作的顺利展开。同时，为了进一步预防报考过程中出现类似的问题，可以从考生源头上加以引导。尤其高等学校是为国家和社会培养高素质人才的主要阵地，也是考生群体的主要来源。各大高校就业部门应在招考源头上进行前期思想引导和定向培养，根据我国毕业生就业市场随实体经济的变化，进行科学、系统的分析、评价和预测，并根据社会发展需求来设置相应专业，使潜在考生学有所精，正确认识自身条件，实现资源的优化配置。

二、制定管理规范，明确审查细则

在资格审查的过程中，建立明确的审查制度，明晰不同主体之间的权利界限，是提高审查效率的重要途径。因此，建立事业单位公招资格条件审查管理办法是必要的。在实际操作中，由于缺乏权威的统一审核标准，各地做法不一，导致实践中的争议巨大。因此，我国应当尽快出台相关资格审查管理办法，以涵盖考录资格审查工作的大部分内容，并在具体的资格条件审查方面，对公招各环节可能出现的争议问题及处理标准等进行权威界定。

三、注重工作联动，加强部门配合

资格审查的过程包含网络审查、面试审查以及考核审查等多个环节。虽然在不同的环节其审查侧重点、审查主体各有不同，但由于审查本身欠缺明确的制度保障，审查质量无法得到保证。为进一步提高审查效率，应当强化审查工作的联动机制，完善形式审查与实质审查的具体内容，比如在对网络报名信息的审查过程中，注重形式的合法性；在面试以及考核的审查环节中，则注重实质审查，对考生报考信息来源出处进行全方位的核实，确保其信息的实质真实性。尤其是在实质审查的环节中，报考信息的核实需要其他部门单位的配合，因此应进一步密切与其他部门的联系，加强沟通与配合，保障审查工作的高效开展。

四、强化责任追究，加强监督机制

在资格审查的环节中，考生与招录机关出现争议时应有完备的救济渠道与责任追究机制，确保考生权益得到有效保护。在实践中，事业单位公招总会出现对年龄、专业、户籍等方面的认定审核产生质疑的情况，但是由于责任承担规则的空白，问责追究机制不够健全，很难做到对违反规定者问责到底、问责到人、追究惩处到底，同时必要救济渠道的缺失也使得问题难以得到有效的解决，考生的利益受到极大损害。因此事业单位公招的资格审查环节也应当建立救济渠道，建立完备的责任追究机制，对事业单位公开招聘工作中出现的违规问题，要发现一起查处一起，做到及时发现、快速应对、严厉查处、妥善处理。[①]

第四节　延伸思考

问题一：如何解决特殊、复杂原因导致公告产生争议的问题

事业单位遍布我国科、教、文、卫、体等各个领域，各行各业都有很大的区别，在进行制度层面的设计时难以做到对每一个行业都了然于胸，总会有疏漏或欠缺的地方，相关法律法规政策在制定时可能出现不准确或模糊，甚至与现实脱节的情况。具体到事业单位公开招聘资格审查环节中，由于目前尚欠缺标准的资格审查细则，因此在判定资格审查的通过与否的标准上会存在诸多争议。一般来说，审查主体如招聘单位、主管部门会按照公告中的招录条件对考生的报考信息进行审查，但是公告在制定时无法完全满足各行各业对人才不同层次的需求，同时由于语言文字本身的局限性，不可避免地会出现词语的多义性或用词不准导致招考条件的外延模糊或核心意义不明确的情况。公告本身并没有什么问题，但是由于现实情况复杂多变，在资格

① 马思凤. 事业单位公开招聘问题与对策研究［D］. 济南：山东大学，2011.

审查中有争议的问题时常出现。

针对这种问题，本书认为应当遵循规则标准，在按照程序处理的前提下，进行一定的价值与实质判断。语言有其自身的局限性，但是根据制度制定的原意进行实质判断是可取的，并不一定因为一字之差而全盘否定其报考资格，这是不符合实质正义原则的，也不符合公招原则。在实践中，为了避免这种情况发生，首先，在公告中应当针对该问题提出具体的应急预案，这样在出现特殊情况时能够有据可循，按照正当程序来处理相关问题。其次，应当成立独立的第三方权威评价机构。资格审查是一个文字信息比对的过程，在这个过程中由于语言或个人的局限性，可能会出现模糊或偏颇的情况，需要借助独立的第三方权威评价机构对信息进行甄别评价，尽可能地保证资格审查的客观公正性。最后，应当将按照审查流程所得出的结论与第三方鉴定结果交由组织人事部门进行综合裁定，做出客观公正的判断。

问题二：资格审查专业条件设置

资格审查时专业条件争议问题是当前事业单位公招工作的一个热点和难点问题。而之所以产生这个问题，一是因为我国专业管理较为混乱，教育部的专业目录有多个版本，且未适应社会发展趋势而实时更新，因此常常出现“没有此专业”或者“专业不符合要求”等现象；二是招聘单位选择的专业目录依据不统一，有的规定专业类别，有的规定专业名称，有的要求一级学科、二级学科目录等，这样不仅会给考生的理解造成一定的混乱，招录单位在对专业进行审核时也会比较困难。

针对当前我国事业单位公开招聘专业目录不统一的问题，建议国家权威部门应当及时出台考试录用专业目录，结合教育部及知名高校现行的专业目录和社会发展需求予以制定，以期减少公招考试中因专业设置导致的意见分歧和纠纷现象。此外，还应当建立相关部门的联动机制，根据教育部门或各高校对学科专业的更新情况定期对专业目录编制完善。

第六章 笔试、面试及其他考务工作

法律是维护社会秩序的最后凭借手段，而社会秩序依赖于一个国家的社会和文化特征。相应地，一个社会和文化命题越是基本，它与法律和法律文化的联系就越是紧密，不论这一联系是公开的还是隐蔽的。

——千叶正士

第一节 环节综述

一、基本概念

事业单位公开招聘考试的特点是用人考试、入口考试、能力考试和综合考试。其基本出发点是实现“为用而考”，这也是事业单位考试制度区别于其他考试制度的重要特征。公正性和科学性是其价值核心，而科学性更是生命线。只有科学的考试，才能选出有用的人才，才能使考录工作更加公正。

但是就我国目前的事业单位考试而言，主要由《关于进一步规范事业单位公开招聘工作的通知》《事业单位公开招聘人员暂行规定》来规制。如关于“笔试、面试和其他考务工作”环节，《事业单位公开招聘人员暂行规定》第十六条规定：“考试内容应为招聘岗位所必需的专业知识、业务能力和工作技能。”第十七条规定：“考试科目与方式根据行业、专业及岗位特点确定。”第十八条规定：“考试可采取笔试、面试等多种方式。对于应聘工勤岗位的人员，可根据需要重点进行实际操作能力测试。”但是事业单位考试并没有像公务员考试那样上升到法律层级进行规制，这也是当前我国事业单位公招制度存在的缺陷与不足。在现代法治社会，事业单位公招考试因其严肃性和专业性，理应纳入我国立法视野，实现在事业单位公招过程中既有道德的弹性约束，又有法律的刚性制约。

笔试、面试和其他考务工作环节是人事考试考务工作的基本环节，是通过一系列方法完成公招的途径与手段。本质是实现人岗相适、确保就业公平，对事业单位公招和人才选拔具有非常重要的作用，每一个环节都要认真对待，确保质量，为事业单位选拔出适应时代需求的优秀人才。

因此，本书将“笔试、面试及其他考务工作”界定为：笔试是主要通过纸质问答和文字答辩的方式，对报考者的专业知识储备、文字表达能力、思考分析能力进行考查的方式；面试主要对报考者的素质、能力等方面进行综合评价，主要考查应试者是否具备拟任职位所需要的实际才能和某些素质。

另外，我们需要注意的是，除了笔试、面试环节，还有其他考务工作，主要包括试卷的命题、制卷、运输、销毁等方面。其中，“命题”是指人事考试机构组建专家组，专家组根据考试大纲要求制订命题工作计划，编制命题细目表，根据命题细目表命制试题并拟定相应的标准（参考）答案和评分标准，并报经人事考试主管部门审定的全过程。“制卷”是指承接印制试卷的印刷厂严格执行《印刷、复印等行业复制国家秘密载体暂行管理办法》中有关印刷、保管试卷的规定，从试题进厂印刷到启用，对所有接触试卷的场所和人员全部实行封闭管理的过程。“运输”是指各类人事考试试卷，含标准（参考）答案和评分标准，在考试前属绝密级资料，须按有关规定进行运送、交接和保管，做到绝对保密和安全，严防泄密和丢失等事故发生。“销毁”是指专业资格等考试的试卷在考试结束后期满六个月，附件在考试成绩公布后期满六个月，公务员录用考试试卷在考试结束后期满一年，由负责集中保管试卷的单位按国家有关保密规定进行销毁处理（上级规定需要继续保存的除外）。

二、实践中存在的问题

（一）泄密

不论是什么考试，我们都必须面对一个问题，就是泄题。这类案例可以说是数不胜数，例如2014年SAT考试泄题导致成绩延迟公布、2012研究生考试英语泄题事件、2011年的注册会计师考试泄题事件等。马克思说过：“当利润达到10%的时候，他们将蠢蠢欲动；当利润达到50%的时候，他们将铤而走险；当利润达到100%的时候，他们敢于践踏人间的一切法律；当利润达到300%的时候，他们敢于冒绞刑的危险。”对我国这样一个考试大国来说，考试的公平诉求尤为强烈，而现实恰恰相反，日益堕落的考风令人忧心。

《中华人民共和国刑法》第三百九十八条规定：“国家机关工作人员违反保守国家秘密法的规定，故意或者过失泄露国家秘密，情节严重的，处三年以下有期徒刑或者拘役；情节特别严重的，处三年以上七年以下有期徒刑。非国家机关工作人员犯前款罪的，依照前款的规定酌情处罚。”也就是说，在事业单位考试泄题中，不管泄题主体是不是国家公职人员，都触犯了泄露国家秘密罪。而在泄露国家秘密罪的具体量刑上，有必要对故意泄露国家秘密罪和过失泄露国家秘密罪进行区分。

1. 故意泄露国家秘密罪

2006年《最高人民检察院关于渎职侵权犯罪案件立案标准的规定》明确指出：“故意泄露国家秘密罪是指国家机关工作人员或者非国家机关工作人员违反保守国家秘密法，故意使国家秘密被不应知悉者知悉，或者故意使国家秘密超出了限定的接触范围，情节严重的行为。”在事业单位公招笔试、面试及其他考务工作中，国家机关工作人员或者非国家机关工作人员出于某种目的故意泄露考试秘密信息，明知自己的行为会违反国家的考试制度，仍希望或者放任结果的发生，也应构成本罪。

按照《中华人民共和国刑法》和《中华人民共和国保守国家秘密法》的规定，泄露国家秘密，必须是“情节严重的”，才构成犯罪。所谓“情节严重”，一般是从客观行为方面加以确认，如泄密的方法、手段、时间、地点和秘密内容、密级以及危害后果等事实情节是否严重；同时也要从行为人的主观方面进行分析认定，如是故意还是过失泄密，泄露的动机、目的是否恶劣等。①

2. 过失泄露国家秘密罪

2006年《最高人民检察院关于渎职侵权犯罪案件立案标准的规定》明确规定：“过失泄露国家秘密罪是指国家机关工作人员或者非国家机关工作人员违反保守国家秘密法，过失泄露国家秘密，或者遗

① 靳婷. 网络时代公民知情权的保护与侵犯国家秘密罪的惩治——以维基解密事件为例[J]. 中国检察官，2010（24）：76-78.

失国家秘密载体，致使国家秘密被不应知悉者知悉或者超出了限定的接触范围，情节严重的行为。”在事业单位公招过程中，工作人员因为“疏忽大意”而没有预见，或者“已经预见而轻信能够避免危害结果的发生”，致使考试秘密信息泄露，构成本罪。但由于其并不具备主观上的故意，而是持过失的主观状态，应当在量刑时适度考虑减轻或从轻处罚。

（二）窃密

《中华人民共和国刑法》第二百八十二条第一款规定：“以窃取、刺探、收买方法，非法获取国家秘密的，处三年以下有期徒刑、拘役、管制或者剥夺政治权利；情节严重的，处三年以上七年以下有期徒刑。”我们在讨论事业单位公招泄题问题时，不能忽视了某些工作人员、考生甚至是主考机构等主体，为了谋取不正当利益，以非法手段获取公招中不应为社会公众所知晓的信息的、非法获取国家秘密的行为。对于这种行为，我们必须予以坚决的打击，以维护良好的公招秩序。

（三）作弊

余秋雨先生说过：“科举得失已成为一种牵连着家族、宗族、故乡、姓氏荣誉的宏大社会性命题，已远不是个人考试的事了。它会由于屡试不第给读书人和他们的家人带来长久广泛的心理压力，以及一旦中举之后给人带来翻身感和巨大喜悦。”目前我国对事业单位公招中作弊行为如何处罚，并没有明确的规定，只有公务员考试作弊处理办法。在缺乏明确法律法规制约和束缚的情况下，在利益与地位的诱惑下，部分考生极有可能会采取违法犯罪行为。因此，对事业单位公招中的作弊行为从法律角度进行明确的规制和处罚，是有必要的。

美国司法部把作弊视为对美国国家安全的威胁，不论何种层次的考试，一旦作弊，其处罚结果都是相当严重的。譬如一起非常著名的托福考试舞弊案，美国司法部以“阴谋欺诈罪”逮捕了共58名舞弊的留学生，处罚最严重的达到了5年监禁和25万美元罚款。如果把这套严格的作弊处罚制度运用到我国事业单位公招考试中来，显然将对考生造成巨大的震慑力和警示性，产生良好的社会效应。因此，对事业单位公招中的作弊行为从法律角度进行明确的规制和处罚，也是有可行性的。

1. 一般方式——夹带、小抄等

中国的考试制度已经历经千年，尽管时代在发展，科技在进步，但是传统的作弊方式并没有消亡，例如夹带小抄、抄袭甚至是换卷子等传统手法，在我国的考试中不断地翻新，事业单位公招也不例外。譬如，目前一种所谓“手风琴”作弊法，就是在考试之前把自己准备的考试内容事先打印在纸上，再经过所谓“技术处理”，复印、缩小，最后这些打印内容就会显现在一张如手风琴形状一样的纸条上，这样的纸条非常小，握在手中，监考人员往往难以发现。

2. 高科技作弊方式——里应外合型

有需求，必然有市场。随着科技的不断发展，各种高科技的作弊工具不断涌现。在当前的考试制度中，包括事业单位公招、公务员录用、研究生考试中，作弊越来越显现出规模化和科技化的特点。就我们了解的信息来说，目前使用较广的是利用手机等现代化通信工具进行作弊，将两副眼镜、一个无线话筒和一个微型耳机组成QQ型考试作弊器，考生戴一副，外围真正答题的人戴一副，考生在考场看到的东西外围的人也同样能看到。除此之外，网上还流行着许多作弊工具，包括由特殊“墨水”制成的隐形笔、能够偷看周围考生试卷的“特殊观察镜”……这些工具无一不是科技与作弊的“完美”结合。需要注意的是，某些考生的高科技作弊方式，甚至在一定程度上构成了非法使用间谍器材罪。

3. 伪造证件

目前我国存在各式各样的考试制度，也相应存在种类繁多的资格审查，正如本书中“报名及资格审查”一章所言，资格审查贯穿事业单位招录的始终，主要是对考生的报考信息如学历、学籍、年龄、职业资格等各方面的信息进行全面审查，确定符合条件的人员。但是，部分不具备报考资格的考生为了获取报考资格，只能通过伪造证件以应对审查程序，包括伪造证件、证明、档案及其他材料获得考试资格。

2015年新修订的《中华人民共和国刑法修正案（九）》第二百八十四条新增了以下内容：“在法律规定的国家考试中，组织作弊的，处三年以下有期徒刑或者拘役，并处或者单处罚金；情节严重的，处三年以上七年以下有期徒刑，并处罚金。为他人实施前款犯罪提供作弊器材或者其他帮助的，依照前款的规定处罚。为实施考试作弊行为，向他人非法出售或者提供第一款规定的考试的试题、答案的，依照第一款的规定处罚。代替他人或者让他人代替自己参加第一款规定的考试的，处拘役或者管制，并处或者单处罚金。”第二百八十八条第一款修改为：“违反国家规定，擅自设置、使用无线电台（站），或者擅自使用无线电频率，干扰无线电通信秩序，情节严重的，处三年以下有期徒刑、拘役或者管制，并处或者单处罚金；情节特别严重的，处三年以上七年以下有期徒刑，并处罚金。”修正案的通过代表着国家以更大的惩治力度，来提高考试的公正性与权威性，事业单位公招也概莫能外。

（四）渎职

所谓渎职罪，就是指国家机关工作人员利用职务上的便利或者徇私舞弊、滥用职权、玩忽职守，妨害国家机关的正常活动，损害公众对国家机关工作人员职务活动客观公正性的信赖，致使国家与人民利益遭受重大损失的行为。在事业单位公招中，工作人员没有履行本身职责而导致某种考试事故的发生，国家机关工作人员的渎职行为依然是公招考试过程出现问题的关键原因。

毫无疑问，只要是在大型考试中出现泄题事件，一定需要追查相关责任人，但是在事业单位公招考试中对此类人员怎样处理以及处理的幅度如何把握，目前我国还没有具体的规定。《中华人民共和国刑法》第三百九十七条规定的滥用职权罪、玩忽职守罪条和第三百九十八条规定的故意泄露国家秘密罪、过失泄露国家秘密罪，都是对考试违规责任人的处理。对于公职人员的受贿行为，一般有一个数额的要求。从实践的情况看，规定数额虽然明确具体，但在事业单位公招的过程中，情况更为复杂，不同责任人、不同犯罪情节、社会危害性等，难以简单地从数额上予以明确呈现。

（五）虚假宣传

20世纪80年代开始的“出国热”催生了雅思、托福、GRE等考试培训，出现了“巨无霸”式的教育集团，让美国人都不得不针对中国考生的考试能力重新设计考试方式；90年代兴起的“考研热”让原本教政治、英语等基础科目的大学老师成为高校里“先富裕起来的一部分人”，形形色色的“考研班”成了考生的“鸡肋”，仿佛只有往里头扔点钱心里才踏实。如今，才短短十几年，事业单位考试已经从最初的“摸着石头过河”发展到现在系统化、标准化的备考流程，各种“事业单位公招”的辅导培训班层出不穷①。笔试一结束，各笔试考点即有多家社会培训机构散发事业单位培训简章，宣传各类事业单位考试辅导培训班。这些培训机构声称师资最强，聘请的授课教师均为权威人士、教授级专家，有的还打出了其聘请的授课教授多次担任事业单位面试考官的虚假广告。

---

① 2009年度教育培训产业盘点［J］. 科教新报·教育科研，2010（1）：7-23.

庞大的考试群体催生了辅导机构，而辅导机构为了盈利，又挖空心思进行广泛宣传，甚至打出了“虚假广告”，这无疑是社会畸形发展的一种怪象。因此，对于考试培训的虚假宣传，必须予以坚决、严厉的打击，消灭“权力寻租”的土壤，保护考生的合法利益，确保正常、有序的公招秩序。同时，对虚假广告的查处过程中，如发现存在“试题和答案泄露”情形的，就涉及更为严重的违法犯罪行为，应当按照《中华人民共和国刑法》相关法条严肃惩处。

（六）信息泄露

我们现在正处于大数据时代，我们的个人信息也像是一组数据在洪流中被广泛传播。甚至在考生中流传这么一句话“年年报考，年年泄露”。事业单位公招考试管理、公务员招录、研究生考试等相关软件系统都包含诸如网上支付系统、短信智能平台等子系统，这些系统几乎全部通过互联网运行。但大家都知道，我们当下的互联网环境并不足够安全，因而，软件系统可能会受到来自网络的各种各样的威胁，如电磁辐射信息泄漏、网络连接信号被截取等。作为功用不同的各个管理系统本身，也不可避免地会存在一些漏洞，成为考生信息泄露源[①]。截至目前，我国还未正式出台个人信息保护法律法规，对其保护相关的条款仅仅散见于刑法、民法等部门法中。《中华人民共和国刑法修正案（九）》第二百八十六条后增加了一条，作为第二百八十六条之一，“网络服务提供者不履行法律、行政法规规定的信息网络安全管理义务，经监管部门责令采取改正措施而拒不改正，有下列情形之一的，处三年以下有期徒刑、拘役或者管制，并处或者单处罚金：（一）致使违法信息大量传播的；（二）致使用户信息泄露，造成严重

① 张盈，赵红军，杨玉华．关于研究生入学考试考生信息的安全防范及思考［J］．理论与实践，2014（5）：52-56.

后果的；（三）致使刑事案件证据灭失，情节严重的；（四）有其他严重情节的。单位犯前款罪的，对单位判处罚金，并对其直接负责的主管人员和其他直接责任人员，依照前款的规定处罚。有前两款行为，同时构成其他犯罪的，依照处罚较重的规定定罪处罚”。尽管已经在立法层面对信息泄露问题提出了相应的解决办法，但是事业单位考试中，考生信息依然极易泄露，考生信息保护方面还存在较大不足。不管是相关网站的技术漏洞使然，还是有机构和个人从中“里应外合”，相关部门都应该启动调查，严厉打击这种现象，不能对这样的恶性泄露置若罔闻。

（七）面试公平

目前我国对于事业单位公开招聘考试的笔试环节、面试环节成绩所占的比重尚无统一规定，这就让不少妄图串通一气、舞弊的考生和事业单位找到了可操作的空间，将面试成绩比重大幅提高，甚至达到80%这么夸张的比例。为避免这类违规行为发生，在实践操作中，应结合事业单位种类多、专业性强的特点，因地制宜，具体问题具体分析，制定既符合实际、又依法依规的面试成绩比重规则。譬如一般的管理类岗位无特殊要求，可按照50%的比例设置面试成绩比重；而对需要交流沟通、考察考生语言表达能力的岗位，可适当提高面试成绩所占比重。

公招考试中的面试环节为何屡屡出现各种舞弊丑闻而被社会公众所诟病呢？主要原因有两点：一是面试的特殊性，面试具有较强的主观性，考官可以在一定自由幅度内为考生打分，打高分或低分，本身就是考官的权利；二是面试的不透明性，面试的过程是全程封闭的，考生只知道自己面试的情况及成绩，而不了解其他考生的面试情况，因此也给舞弊带来了可操作的空间和可能。

三、典型案例

西部某县招聘教师泄密案件

2010年11月13日上午9时，西部某县第四届公开招聘教师考试如期进行，考期为一天，上午考公共基础，下午考专业科目，本次招聘教师上线分为119分。然而，在考生普遍认为当年的考题最难的情况下，满分100分，考生张某公共科目居然考了99分，专业科目考了96分。这样的高分，引发的不是赞誉而是一片哗然，质疑声此起彼伏。网上舆论哗然，该县街头巷尾也在热议此事件。无疑，矛头直指该县教文局。2010年11月18日，该县40名代课教师以《致县委书记的一封公开信》为题联名上书，要求彻底查清这次教师招聘考试舞弊黑幕。当日下午3时，该县教文局副局长屈某立即将这40名上访教师召集到信访室。

2010年11月19日，此事引起当地市委书记的重视，批示要求彻查事情真相。同日，该县县委书记组织召开专题会议，迅速成立"11·19专案组"。2010年12月17日，当地市纪委、监察局等部门召开"处置该县公开招聘教师泄密事件专题会议"，公布了案情的查处情况。由于层层失守、把关不严，未严格执行考务制度，造成了本次招聘考试连环泄密事件。

该县此次招聘教师泄密事件，涉及党政干部及相关人员11人、考生20人，负有一定工作责任的县教文局局长被免职，调离教育系统工作；责成该县人力资源和社会保障局局长向县委、县政府做出深刻书面检查。相关责任人员因涉嫌泄露国家秘密或涉嫌非法获取国家秘密被移送司法机关。

某些事业单位公招部门领导及工作人员被利益驱使，导致泄题这一违法犯罪行为的发生。这既损害了考生合理被录取的权利，又破坏了事业单位公开招聘的公平原则和社会秩序，同时还严重抹黑了党政机关和事业单位的形象，公信力受到群众的极大质疑。

第二节 法学分析

一、法律关系主体

法律是以一定的社会关系为调整对象的，而法律调整社会关系的方法是通过规定特定社会主体的权利义务而实现的。在不同的社会关系中，由于参加者的身份不同，其权利义务也应当各不相同。因此，要确定事业单位考试主体的权利义务，就必须对事业单位考试法律关系中各种社会主体进行划分和界定，然后才能对各类事业单位考试关系参与人的权利义务做出明确的规定。在笔试、面试及其他考务工作环节中，主要涉及五个法律关系主体。

（一）组织人事部门

组织人事部门是指负责编制事业单位人员计划，综合管理人事考试工作的政府人事部门。各级政府人事部门是本级人事考试主管部门。

（二）招聘单位

招聘单位负责申请事业单位招聘人员的计划。

（三）考务部门

考务部门是指受人事考试主管部门委托，具体承担或组织实施人事考试考务工作的机构。

（四）考生

考生是指根据人事考试有关规定，报名并经资格审查同意参加考试的人员。

（五）社会助考机构

社会助考机构也就是我们所说的辅导机构，是以营利为目的的，以提高准备考试的考生考试成绩为手段的培训机构。

二、法律关系客体

我们认为在上述五个主体之间主要体现了三种法律关系客体，即考试秩序、国家机关的正常活动、合法的商业秩序。不管是组织人事部门、招聘单位、考务部门、考生，还是社会助考机构，将其联系在一起的就是我们所讨论的事业单位公招制度，各个主体之间相互配合、相互监督，其目的是维护正常的考试秩序。我国目前的公招制度中，国家机构往往发挥了主要作用，但是绝对的权力导致绝对的腐败，在公招程序中，“渎职罪”的定义同样适用。同时，伴随着我国事业单位公招规模的不断扩大，各种“事业单位公招”的辅导培训，不断发展壮大。助考机构为了获取高额利润，以所谓的“大师”“专家”“包过”等噱头，甚至通过非法方式获取国家秘密，这些行径严重破坏了我国法律所保护的合法的商业秩序。

三、权利义务关系

（一）组织人事部门与主管单位之间的监督关系

组织人事部门与事业单位主管部门都是公招过程中的重要主体，两者之间是分工不同的监督关系，在笔试、面试以及其他考务环节都是监督的重要力量，但是两者只是存在职责上的不同而已。

（二）组织人事部门与考务机构的行政委托关系

在事业单位公招过程中，组织人事部门委托考务机构进行事业单位公招考试的相关组织工作，考务机构根据组织人事部门的行政委托进行考试安排，两者属于行政委托关系。

（三）考务机构与助考机构的博弈关系

数目众多的助考机构，其生存的基础就是能够为考生提供正确的方向指引，因而就必须能够较好地把握出题者的心态，并能做出较为准确的预测。与此相对，作为负责出题的考务机构，其最终目的是编出一份高质量的试题，衡量是否为高质量试题的标准，必然有不能为普通公众所猜测到，这就是“押题”与“反押题”的博弈。

（四）助考机构与考生的商业合同关系

考生选择助考机构是希望通过助考机构得到自己满意的分数，而助考机构的目的也是通过辅导考生来获取自己期望的利润。在这种情况下，考生与助考机构通过合同形式确认自己的权利与义务。

（五）考务机构与考生的三方关系

在事业单位公招中，事业单位组织人事部门以及上级部门委托考务机构组织考试，考生则希望通过考试进入事业单位，基于组织人事部门与考务机构的行政委托关系，考务机构有义务为公招的方方面面提供服务，当考生基于自愿参加事业单位考试后，其与组织人事部门的关系，由考务机构代为履行，故而形成了一种三方关系。

（六）招聘单位与考生的契约关系

招聘单位与考生在自由同意的基础上订立“合同”，考生以符合招聘单位要求的资格报考该单位职务，招聘单位在考生满足职务要求并通过笔试、面试环节后决定录用该考生。

四、核心要点

（一）组织人事部门、主管部门工作人员渎职

渎职罪是指国家机关工作人员利用职务上的便利或者徇私舞弊、滥用职权、玩忽职守，妨害国家机关的正常活动，损害公众对国家机关工作人员职务活动客观公正性的信赖，致使国家与人民利益遭受重

大损失的行为。《中华人民共和国刑法》第九章规定了渎职罪，其中与公务员、事业单位公招相关的主要是：第三百九十七条规定的滥用职权罪、玩忽职守罪，第三百九十八条规定的故意泄露国家秘密罪、过失泄露国家秘密罪，第四百一十八条规定的招收公务员、学生徇私舞弊罪。

《中华人民共和国刑法修正案（九）（草案）》第三十二条增加规定组织考试作弊等犯罪。将在国家规定的考试中，组织考生作弊的，为他人提供作弊器材的，向他人非法出售或者提供试题、答案的，以及代替他人或者让他人代替自己参加考试等破坏考试秩序的行为规定为犯罪。根据2006年《最高人民检察院关于渎职侵权犯罪案件立案标准的规定》，国家机关工作人员招收公务员时，行为人涉嫌存在应予立案侦查的六种情形之一的，即符合“情节严重”的成立要件[①]。根据2001年最高人民检察院制定的《关于人民检察院直接受理立案侦查的渎职侵权重特大案件标准（试行）》，招收公务员徇私舞弊案重大案件包括：①五次以上招收不合格公务员或者一次招收五名以上不合格公务员的；②造成县区范围内招收公务员工作重新进行的；③因招收不合格公务员，导致被排挤的合格人员或者其亲属精神失常的。特大案件包括：①七次以上招收不合格公务员或者一次招收七名以上不合格公务员的；②造成地市范围内招收公务员工作重新进行的；③因招收不合格公务员，致使被排挤的合格人员或者其亲属自杀的。

参考公务员考试的相关法律规定，我们有必要对事业单位公招中

① 招收公务员、学生徇私舞弊罪是指国家机关工作人员在招收公务员、省级以上教育行政部门组织招收的学生工作中徇私舞弊，情节严重的行为。涉嫌下列情形之一的，应予立案：①徇私舞弊，利用职务便利，伪造、变造人事、户口档案、考试成绩或者其他影响招收工作的有关资料，或者明知是伪造、变造的上述材料而予以认可的；②徇私舞弊，利用职务便利，帮助5名以上考生作弊的；③徇私舞弊招收不合格的公务员、学生3人次以上的；④因徇私舞弊招收不合格的公务员、学生，导致被排挤的合格人员或者其近亲属自杀、自残造成重伤、死亡，或者精神失常的；⑤因徇私舞弊招收公务员、学生，导致该项招收工作重新进行的；⑥其他情节严重的情形。

的渎职现象进行进一步细化，让事业单位工作人员渎职的后续处理实现“有法可依”。

《中国共产党纪律处分条例》第八条规定了对党员的纪律处分种类有警告、严重警告、撤销党内职务、留党察看、开除党籍。《中华人民共和国公务员法》第五十六条规定了对公务员的处分为警告、记过、记大过、降级、撤职、开除。《事业单位人事管理条例》第二十九条规定了对事业单位工作人员的处分分为警告、记过、降低岗位等级或者撤职、开除。

《中华人民共和国刑法》第二条规定：“中华人民共和国刑法的任务，是用刑罚同一切犯罪行为作斗争，以保卫国家安全，保卫人民民主专政的政权和社会主义制度，保护国有财产和劳动群众集体所有的财产，保护公民私人所有的财产，保护公民的人身权利、民主权利和其他权利，维护社会秩序、经济秩序，保障社会主义建设事业的顺利进行。”不难看出，我国刑法制定最主要的目的就是通过惩罚违法犯罪行为来维护社会公共秩序。

在事业单位公招过程中，我们应该本着慎行的原则，理清危机与违法的区别，不能因噎废食。尤其应当注意刑法作为“最后保护手段”的基本原则，即不是必须适用刑法手段来解决的，都不要随意将该行为定义为“犯罪”。

水在标准的大气压下，冷却到0℃时即从液体转化固体，加热到100℃时即从液体转变为气体。0℃和100℃就是量变转化为质变的一定的点，称关节点，这说明度在一定条件下是可以转换的。我们谈到理清危机与违法的关系，不能对于所有公职人员的行为赋予违法的定义，但是对于某些情况，我们又必须坚决认定为渎职犯罪，这其实是一个度的问题。

在公招过程中，“萝卜招聘”、组织考试作弊等行为，是对公招秩序的极大破坏，对于这些引起极大危害的公职人员，必须依法依规按照渎职处理。

（二）高科技作弊

近年来，随着技术的发展，考试作弊手段与工具也发生了很大的变化，从最初的打小抄、请人代考，已经逐步演变成利用智能手机、触屏电脑、耳塞式耳机或者带摄像头的眼镜等设备进行考试作弊。对抗技术设备作弊，需要借助技术的手段来解决。

哈理工 MBA 考场上的“电波疑云”①

在 2014 年 1 月初举行的全国硕士研究生统一招生考试期间，哈尔滨理工大学考点附近出现不止一个“作弊电波”。在培训接近尾声时，工作人员把“高科技”考试器材分发给了考生们。1 月 4 日 MBA 考试当天，培训班的学员顺利进入了考场。考试结束后，学员们在 QQ 群里对答案的议论表明，他们收到了这些无线播报的答案。

湖北省无线电监测站监测科科长高峰告诉记者，考试泄题一般有两种方式：一是考试前泄题，比如运输环节出现错误，由于保密工作要求严格，考试前泄题较少；二是在考试中泄题，如考生拍摄完试卷通过无线电信号将试卷传送出考场。全国统考试题，很多作弊机构是事先串通起来的，只要有一个点的考题通过无线电信号传送出去，其他作弊机构也就获得试题。

时代日新月异，科技更新换代的速度非常快，高科技作弊手段也层出不穷。无线电设备作弊作为一种尖端的高科技作弊手段，目前即使是无线电管理机构也难以完全屏蔽其信号发送和接收，且在处罚过程中存在缺乏法律法规依据、认定违法犯罪行为较难、证据极易灭失

① 哈理工 MBA 招考作弊以非法获取国家秘密罪立案［EB/OL］.（2014-01-13）［2018-06-29］. http://news.china.com.cn/2014-01/13/content_31166677.htm.

等诸多难题。

《中华人民共和国刑法》中与这些考试作弊器材有关的罪名有两个：一是第二百八十三条规定的非法生产、销售专用间谍器材罪，二是第二百八十四条规定的非法使用窃听、窃照专用器材罪。在事业单位公开招聘的过程中，无线耳机一类的作弊工具，可以被制作成肉眼难以发现和识别的非常小的设备，通过装入橡皮擦、笔等考试工具中携带进场，接收场外特殊的无线电设备发送的答案。这些器材甚至可直接定义为“专用间谍器材”，而作弊团伙销售、提供和使用这些器材的行为，也构成了刑法第二百八十三条和第二百八十四条规定的罪名。

根据上述法条，我们认为：组织、参与考试作弊的人员，如通过获取试题或者答案帮助考生作弊的，可能构成非法获取国家秘密罪，情节严重的，最高可处以 7 年有期徒刑；通过使用电子器材作弊的，如在考场外传送专用间谍器材在考场内拍摄试题并传出等行为，可能构成非法使用窃听、窃照专用器材罪，造成严重后果的，最高可处以两年有期徒刑；非法持有属于国家秘密的考试试题或者答案，拒不说明来源与用途的，可能构成非法持有国家秘密、机密文件、资料、物品罪，最高可处以 3 年有期徒刑。对于出售虚假考试试题或者答案，骗取他人财物，数额较大的，可以按诈骗罪定罪处罚，数额特别巨大或者具有其他严重情节的，最高可处以无期徒刑。

第三节　对策建议

一、细化判定标准，强化处罚力度

一是通过法律明确事业单位公招泄题的具体标准。事业单位考试与公务员考试、高考一样，按照公开考试、严格考察、平等竞争、择优录取的规则，有一套严密的程序保障，但仍然无法扼住舞弊之手，是何原因？权力通吃、程序瑕疵固然是重要原因，每一道程序在“高手”眼中都有运作空间，即使是医院体检这种纯科学的领域亦存在舞弊现象，但于法无据、标准不清，导致泄题等行为难以明确界定，考生更加有恃无恐，但也难辞其咎。

如果说考试能够确保完全的保密和公正，就能在一定程度上保证所有考生在同一方式下竞技的公平性，但是一旦有人逾越考试规则，打破这种公平性，那么所有的考评和评定都将失去意义。也正因如此，试题泄露事件会受到全民的攻击和围堵。如果考试部门连考试的公正性都无法保证，那么对于很多希望通过考试来证明自己、展现自己并脱颖而出的人来说绝对是一种莫大的伤害，也会导致追究刑事责任时于法无据、无法可依。因此，通过法律明确事业单位公招泄题的具体标准，是非常必要的。

二是增设或修改刑法第一百四十八条招收公务员、考生徇私舞弊罪。当考试作弊所获得的利益要大于他们支付的成本时，考生就可能会选择考试作弊。而这极易产生群体效应，考试作弊的人越来越多，范围也越来越大，产生恶性循环，使考试作弊成了一种普遍的风气，换句话说，考试作弊就成了一种集体违规的怪现象。人的诚信的意识丧失，公众不遵守考试规则，不管他人的利益，最终会导致全社会出现混沌的状态，人们都作弊或都想作弊。因此，为了抑制这种现象，必须加大考试作弊所支付的成本。

惩罚应包括让违反者承担行政责任和刑事责任。考试行政责任，是指因考试法律关系主体违反了相关的考试行政法律规范而承担的法律责任。考试刑事责任则是指违反相关考试法的行为情节严重，已构成犯罪，所承担的刑罚处罚的法律责任。这两种责任都属于公法上的责任，是国家为了维护公法秩序而予以设立，由于其严厉性以及对相对人的权利侵害较为严重，因此，这两种责任必须通过法律的途径予以设立。

《中华人民共和国刑法》第四百一十八条只是单纯规定招收公务员、考生徇私舞弊罪。《中华人民共和国刑法修正案（九）（草案）》中，增加规定："组织考试作弊等犯罪，将在国家规定的考试中，组织考生作弊的，为他人提供作弊器材的，向他人非法出售或者提供试题、答案的，以及代替他人或者让他人代替自己参加考试等破坏考试秩序的行为规定为犯罪。"除了考试作弊罪以外，应该增设事业单位考试徇私舞弊罪或者将第四百一十八条修改为"招收公务员、事业单位、考生徇私舞弊罪"，弥补了事业单位公招工作中，对于渎职犯罪在立法上的不足，也在一定程度上提供了法律规制，让实践操作有法可依，形成强大的社会震慑力，净化社会风气，有效地惩治考试舞弊和违法犯罪行为，具有重要的现实意义。正像贝卡里亚所讲的那样，"舆论使俗人和智者都受到了折磨"。

二、梳理正面清单，强化监督检查

一是以正面清单明确公职人员的职责要求。英国著名历史学家阿克顿曾说："权力导致腐败，绝对的权力导致绝对的腐败。"因此，唯有更加完善的法律才能加强对权力的监督与制约，不给任何人留下可操作的机会，才能保证其他考生的基本权益，维护考试的公平性。习近平总书记在十九大报告中对反腐败斗争做了重要论述和战略安排，并严肃指出：“反腐败斗争形势依然严峻复杂，巩固压倒性态势、夺取压倒性胜利的决心必须坚如磐石……反对腐败、建设廉洁政治，‘物必先腐，而后虫生’。腐败问题越演越烈，最终必然会亡党亡国，近年来我们党内发生的严重违纪违法案件，性质非常恶劣，政治影响极坏，令人触目惊心。各级党委要旗帜鲜明地反对腐败，更加科学有效地防治腐败，做到干部清正、政府清廉、政治清明，永葆共产党人清正廉洁的政治本色。各级领导干部，决不允许以权谋私，决不允许搞特权。对一切违反党纪国法的行为，都必须严惩不贷，决不能手软。”

因而，在事业单位公招过程中，我们应以正面清单的形式明确列举公职人员的职责要求，使其充分了解自己的职责所在，只要超出了正面清单所列职责，就属于违规乃至违法行为，要从法律上予以严重处罚。

二是加强在公招过程中的纪检监察力度。就过往被揭发出来的“公考舞弊案”，当事单位、当事人搬出种种理由来开脱，许多严重违法违纪行为，不处理“不足以平民愤”的个案，当事人多半也止于党纪、行政处分，进入司法程序并被处以刑罚的少之又少。如去年轰动一时的江苏泗阳县“萝卜招聘”案，处理结果也只是给个别官员作免职、党内严重警告处分。与巨大的收益相比，这点成本微不足道，很难以禁效尤。个别官员为了牟取私利，不惜通过违规手段、非法途径为违规考试的人大开绿灯。

国家机关工作人员和事业单位工作人员在考聘过程中的徇私舞弊行为，会带来巨大的社会影响力，人民群众会对政府和事业单位产生怀疑，对考试的公平性和合法性也产生怀疑，甚至会对法律产生怀疑，严重危害社会的和谐与稳定。

相关部门应将政策指导、流程规范、信息公告等重要的监督口前移，提高政策水平并通过制定程序规范、面试办法等加强对招聘单位的业务指导，对笔试考务、面试组织实施等环节的流程规范控制，增强公招工作的公正性，全面接受社会监督。

三、丰富监督手段，加大处罚力度

一是以高科技手段防范作弊措施。监考和作弊是一对永恒的矛盾体。如何杜绝高科技作弊呢？一方面，需要我们以高科技手段来应对，加强技术手段的投入，运用视频、录音、录像、无线电屏蔽等技术手段来打击违法犯罪；另一方面，需要全社会通力合作，不断完善和健全公招考试程序和制度，协调公安、工商、人社、组织等部门。应加强联合打击违法犯罪的力度，形成良好的考试风气和社会氛围。

二是完善无线电管理的法律法规。就我国当前法律而言，关于无线电管理的法律主要有《中华人民共和国刑法》第二百八十二条、《中华人民共和国治安管理处罚法》第二十八条、《中华人民共和国行政许可法》第八十条第四款、《中华人民共和国物权法》第五十条、《中华人民共和国无线电管理条例》等。无线电管理部门应当制定和出台相关的部门规章和司法解释，完善和填补无线电管理法律、法规的空白。明确无线电管理部门的权限，避免滥用职权的现象发生。同时，也能为制定《中华人民共和国无线电法》积累立法经验。

四、规范助考机构，促其合法经营

一是加强对于助考机构的监管。监管的缺失是导致各类“助考者”屡禁不止的重要原因。因此，加强对助考机构的监管是非常必要的。一方面，对正规营业的辅导班、补习班，需要进行规范管理，设定具体、严格的监管程序，确保其正常开展辅导工作；另一方面，对采取违法犯罪行为达到助考目的的非法辅导机构，要坚决打击，依法取缔。

二是提高助考机构的准入门槛。首先，事业单位公招培训机构的准入门槛低，这是社会大众公知的事实。很多培训机构虽然有了培训资质，但是缺乏必要的管理团队和核心学术，因此，虽然量的增长速度非常快，但质的方面却没有很好的保证，就导致真正能够做好、做长的机构并不多。其次，目前教育培训机构办学监管涉及教育、工商、劳动、民政等部门，由于多头管理、多重标准，导致监管弱化。主管部门对民办教育的监管和支持力度不够，造成很多机构设置随意性强，出了问题又找不到管理部门，也没有一个真正意义上的法律监管条款。因此，要避免这种情况的发生，就需要提高事业单位公招培训机构的准入门槛，定时开展评估，加强风险管控，将教育培训行业的“害群之马”逐出市场。

第四节　延伸思考

问题一：笔试、面试成绩公布的范围与程度

就笔者了解的信息来说，目前我国事业单位公招笔试、面试环节公布的，一般只有笔试、面试的最后分数，而不包括笔试、面试中各题的得分情况。无论是呼和浩特的抄袭满分试卷，还是温孝廉之女的提前“辅导”获知答案，抑或是米脂县的“神奇参考书”，其归根结底都反映了事业单位在笔试试题保密性方面所存在的问题。泄题方式

的多样化，表明在试题保密方面存在多个问题。更为严重的是，网上已经有人发布“出售事业单位公开招聘工作人员笔试试题答案”的消息，到底是有人贪财故意设局欺骗考生，还是确有答案出售？虽然警方已经涉入调查，但是仍未给出确切回应。

根据《事业单位公开招聘人员暂行规定》，事业单位招聘的笔试试卷的评阅，通常采取两种方式：一是由考试组织机构负责组织试卷评阅，并可根据工作需要成立评卷工作小组。二是委托评卷，对评卷人员、评卷场所和保密措施进行审查，签订评卷协议。虽然《事业单位公开招聘人员暂行规定》对试卷的评阅，做了详细的规定，但是由于试卷评阅透明度不高及缺乏第三方监督等，在试卷评阅过程中出现了各种问题。如何提高事业单位公开招聘中试卷评阅的透明度，如何加强第三方的监督，是值得我们进行深度研究的。

如前所述，面试成绩在招聘考试中占有相当大的比重，且相对于笔试来说，面试具有更强的可操作性。关于面试成绩在总成绩中所占比重的问题，我国目前尚没有统一的规定。这也是有的单位钻国家政策的“空子”，大幅度提高面试成绩所占比重的原因。

笔者认为，公招制度作为国家选拔事业单位工作人员的一项基本制度，在某些环节采取不为公众知悉的措施有其必然性，但是仅公布公招最后成绩似乎略显不足。建议可以公示考官选拔、考生成绩分布等，以显示事业单位公招制度的公正性。

问题二：查分的方式与程度

虽然有关试卷评阅的规定已经相对完善，但是在执行过程中，由于人为因素、利益因素等，这些规定并没有得到很好的执行，存在一些有失公平、公正的现象。考试成绩的真实性无疑是报考者最关心的问题，如果报考者对自己成绩的真实性产生了怀疑，该如何向相关单位反映，并且如何查阅自己的试卷？作为招聘单位，又该如何给报考者一个满意的答复呢？

跟高考制度相似，考生如果对于自己的考试成绩存在疑问，可以申请复核，但是成绩的复核只核算分数有没有加错，不看卷面答题情况，查分方式流于形式，并不能真正起到复核的作用，并有效纠正错误，显然是违背公招公平原则的。

2012年，在温州事业单位公开招聘中，一考生以9分的分数进入面试，3位考50多分的考生却没有获得面试资格。让人想不通的还有，当地政府公布的面试结果中，除公布考生准考证号、成绩外，并无考生姓名。这不禁让人困惑：考生姓名并非机密，为何还要藏着、掖着？若招聘做不到信息公开透明，拿什么保障公平？相关负责人解释："公布名字，会让人看出来考生是谁，就没有公布名字。"但是，与公众知情权、监督权，以及招聘的公平、公正相比，"让人看出考生是谁"的疑虑不仅毫无必要，而且根本就不能以此为理由。而且，即便让人看出考生是谁又有什么关系？像文化馆等单位本就不涉及机密，考生的姓名、信息更不是敏感机密信息。反过来，当姓名成为招聘的敏感词，反倒有了"此地无银"的疑问。

不得不说，"9分考生进入面试"的招考案例再次触动了公众对于社会公平的敏感神经。在年轻人上升渠道不畅、"拼爹"现象屡屡出现的背景下，公平一直是公众的强烈诉求。因此，在类似事业单位招聘的过程中，相关部门就更应该主动通过信息的公开，接受广大群众的监督，来赢得公众的信任，挤压"权力自肥"的暗箱空间。相关部门应当从信息公开和保障公众的知情权、监督权着手，完善制度保障，杜绝事业单位招聘丑闻的频频发生。

问题三：考生个人信息安全的保护

中国互联网信息中心发布的《2013 年中国网民信息安全状况研究报告》显示，2013 年下半年，74.1%的中国网民遇到过信息安全问题，全国因此造成个人经济损失近 200 亿元。在事业单位公招中，还没正式开始考试之前，考生的手机里往往会“飞来”一些乱七八糟的信息，一般都是提供考试真题答案的短信。首先是扰乱了考生专心应考的心情，其次，也对事业单位公招考试的公正性造成了一些不利影响，但是考生的信息究竟是怎么泄露出去的呢？

一是个人保护意识不强。许多考生在填写个人资料的时候，往往没有太在意操作技巧和注意事项，填报密码有时候太过简单，没有认真阅读填报指南等，个人保护意识不强导致信息泄露，但是这种情况只是少数。

二是管理监督不严。按照规定，考生信息都是由专人严格管理，相关考试主管单位的内部人员可能违反相关规定，向培训机构贩卖考生信息。究其原因，是管理部门管理制度混乱、管理上存在漏洞而导致，需要我们从信息泄露的源头加强管理，避免上述情况发生。

三是网络通信技术不完善。现在许多高校招生都是通过互联网完成的，但由于互联网的开放性，加上目前我国的互联网安全技术尚待完善，存在着诸多隐患和危险，为不法分子提供了可乘之机，甚至造成考试中心的数据库被黑客入侵，信息“裸奔”，网络通信不能很好地保护个人信息。

《计算机信息网络国际联网安全保护管理办法》中已明确规定：“制造和传播病毒是违法行为，但是对于木马、黑客程序等缺乏详细、具体的解释、说明，在实践中难以进行认定。”因此，我们要加快立法进程，健全法律体系，使网络安全有法可依；要规范网络通信建设，建立统一、规范的安全信息网络体系。

目前，美国、欧盟、澳大利亚、日韩等国，都已有了较完整的保护个人信息的法律，新加坡国会已经通过了个人信息保护法案，违法发送垃圾信息最高罚款100万新元（约合514万元人民币），并成立了个人信息保护署，作为新加坡保护个人信息的主要机构。防止考生个人信息泄露，需要完善现有的法律法规，在《中华人民共和国刑法》的基础上，修订相关法律，以保证新情况、新问题有效解决，使新型犯罪和高科技犯罪的处罚有法可依；同时，制定一些新法律，如《中华人民共和国个人信息保护法》《中华人民共和国国家网络安全法》《中华人民共和国网络信息保护法》等，减少法律盲点，加大对安全领域犯罪的打击，不给不法分子机会钻法律空子；此外，加强行政法规建设，完善滞后的法规；还要制定地方性教育法律法规，推进我国法治社会建设。

第七章　体检

一次不公的裁判比多次的违法行为更严重。因为这些违法行为不过弄脏了水流，而不公的裁判则把水源污染了。

——培根

第一节　环节综述

一、基本概念

事业单位公开招聘程序进入到考试考核之后，招聘单位会根据考试成绩确定一定比例的应聘人员进入体检环节，在这一阶段通过对拟录用人员的身体检查，以确保其具备从事相应工作所需的身体条件，不传染或影响其他工人工作。《中华人民共和国公务员法》第二十九条明确规定："招录机关根据考试成绩确定考察人选，并对其进行报考资格审查、考察和体检。体检的项目和标准根据职位要求确定。具体办法由中央公务员主管部门会同国务院卫生行政部门规定"。虽然《中华人民共和国公务员法》中只是笼统地规定了体检的项目和标准根据职位要求来确定，但是从公务员录用制度建立以来，经过各地长期的实践与总结，人事部门联合卫生部制定了《公务员录用体检通用标准》，该标准的出台结束了各地公务员录用标准不一的乱象。而反观事业单位公开招聘，不同于公务员的公开招聘体检工作，关于统一体检程序的法律规定目前仍然是一片空白，各地按照各自标准来开展体检工作，考生的权益无法得到有效保障。

体检作为事业单位公招必不可少的环节，是指事业单位按照法律规定选用一定的体检标准，委托具有相关资质的医院对考生是否符合要求而进行的身体测试，是工作岗位对工作人员体格的要求，应当慎重对待。

二、实践中存在的问题

事业单位公开招聘的体检程序相对于公务员招聘来说，从体检项目到体检标准并没有一个统一的规定。同时由于体检环节涉及第三方的参与，如何实现第三方的有效监督与管理也成为一个比较重要的问题。具体说来，主要存在以下问题：

（一）缺乏权威、统一的体检标准

公务员体检的对象都是一般的公职人员，可以制定统一的体检标准，但是事业单位涉及的行业种类繁多，往往难以制定统一的体检标准，只能不同行业分类制定标准。不同招聘单位对于体检的要求差异最终导致了考生的权益不能得到有效的保护，这也为立法部门带来了难题。

（二）组织实施缺乏明确细则

入职体检目前已成为大多数企业单位招聘的必经环节，通过体检来筛选身体素质合格的应聘者从事相关的岗位工作。大多数体检相关单位都会指定体检医院，由应聘者自费或免费到指定的医院进行体检。从理论上来说，指定医院的做法是合理的，通过指定医院可以使众多应聘者通过一个统一的渠道进行身体检查，由体检医院统一报送体检结果，这样可以节约成本，提高效率。事业单位公招的体检也是采用的指定医院的做法，但是从实践中看来，由于缺乏明确的实施细则，操作不够规范，如何指定体检医院、如何对指定医院的体检程序进行监督管理尚为空白。因此指定医院的做法往往易引发医院与招聘单位之间的暗箱操作，滋生腐败，损害了考生的利益。

（三）体检结论与医学结论混淆

医学结论是体检结论的重要依据，体检医院按照用人单位提供的体检项目以及标准，对考生进行的身体测试，通过对考生的身体测试得出的各项指标是否达到相应标准的结论为医学结论。而用人单位将根据体检医院所提供的医学结论得出是否合格录用的体检结论。但是在实践中，体检结论与医学结论经常被混淆，甚至合二为一，直接由体检医院得出体检结论，这样，程序上的省略容易导致体检结论的不规范，引起社会舆情。

（四）复检程序不规范

目前，事业单位公招复检程序均由考生申请，单位指定复检医院进行，但如何确定复检指标以及复检医院都为实践带来了难题。我国《公务员录用体检通用标准》中明确规定，招录机关或者体检对象对体检结果有疑问的可以进行复检，但是并没有规定具体的复检医院，只是笼统地规定由政府有关部门指定医院。这一模糊规定为公务员录用体检中的争议带来了难题，同样也为事业单位公招体检中的争议带来了挑战。首先，我国目前并没有对事业单位公招体检具体事项出台相关法律法规，一般都是参照公务员的录用体检规则，但是当公务员的录用体检规则不明确时，事业单位公招的体检争议便无规则可循，实践中只能由各地自行出台地方性法规，并无统一的争议解决途径。

但是有一点可以肯定的是，各地对于体检争议都赋予了考生申请复检的权利。但是复检的医院如何确定以及责任承担问题成为实践中亟待解决的难题。

（五）体检环节弄虚作假

在实践中，由于缺乏统一的法律法规规范，缺少人事部门或招聘单位工作人员的全程监督和跟进，医院对于体检考生的身份审核未严格要求，体检环节漏洞较多，甚至存在各种请人代替检查的现象，部分体检也存在考生贿赂医生的情况。早在2009年，网络上曾涌现了“体检枪手”的热门事件，随着求职旺季的到来，入职“代体检”的行业活跃于网络。由于医院在体检时往往核对身份不严格，因此“代体检”的行业悄然发展起来，避免应聘者在体检入职时功亏一篑。“熟悉深圳、广东、北京、长沙、武汉、南宁各大医院体检流程，打通关系，信誉良好，让你不输在体检上，公平就业。”这是一家代体检公司的广告语。新发展而来的“体检枪手”的出现给其他的应聘者带来了不公平的竞争。

三、典型案例

案例：山西长治公考状元被拒收案件[①]

山西长治籍考生宋江明在参加山西省行政机关2011年录用公务员考试中，以笔试第一、面试第一、总分第一的成绩，成为所报考岗位——长治市环保局“科员2”——唯一一名进入体检环节的考生；然而，在当地人社局组织的公务员招录体检、复检中，因血常规检测中“血红蛋白”的数值分别为70、88，不符合公务员录用体检“单纯性

① 佚名．长治市公务员考试舞弊案首批5名被告人最重领刑十一年［J］．先锋队，2012，5（21）．

缺铁性贫血，血红蛋白男性高于90g/L、女性高于80g/L，合格”的标准而被刷，而他自行前往或由纪委人员陪同在3家医院的6次体检结果均符合《公务员录用体检通用标准（试行）》第3条的规定。

宋江明在维权路上奔波3个月，此事于近日被媒体报道后，引起了公众对长治市公务员招录工作是否存在暗箱操作的质疑。随后，当地纪检监察部门介入调查，涉及公务员招考的长治医学院附属和平医院、长治人力资源和社会保障局等单位也相继展开自查。长治市人社局表示，根据长治市纪委、市卫生局组织的专家论证意见和长治医学院附属和平医院组织的专家复核结果，认定和平医院对宋江明录用公务员体检结论有误。记者也从该医院证实，经专家测算，宋江明体检和复检的血常规检验报告单内多项数据间的逻辑关系不成立。最后的结果当然是皆大欢喜，山西省纪委监察厅对外通报了长治市公务员录用舞弊案，共有10人受到党纪政纪处分，其中8人因涉嫌犯罪问题被移送司法机关处理。2011年11月19日19时23分11秒，山西人事考试网首页更新了头条文章“关于拟录用宋江明为长治市环境保护局公务员的公示”。这标志着，在参加山西省行政机关2011年录用公务员考录过程中，“被贫血”的山西长治籍考生宋江明的录用程序进入了公示环节。

媒体的监督、公权力的介入，都可以为宋江明赢得正义。然而，他公考的最初目标是毕业后找个工作，而正义给他的答案或许只是一个花瓶，美丽而易碎。这便是事后法律救济机制的无奈。为了千千万万的宋江明能够端好饭碗，不做花瓶，法律的正义应当早一步降临，做好事前预防。通过严格体检第三方监督机制，真正做到起跑线上的公平。在中国这个关系网盘根错节的熟人社会，堵住后门是不切实际的空想，从制度层面为人情请托、徇私舞弊设置尽量多预防性的程序障碍和机会成本，也许才是当下最合理的应对之道。因为对个人而言，追求“分配的正义”，永远优于“校正的正义”。用句俗话讲“再好的刀伤药不如不拉口子”，正是这个道理。

有一种象棋残局，是照着棋谱摆出来的，如果设局的人不乱走，对弈的另一方永远不可能赢。但如果考生面临的也是这样一个局，对他个人来说，是一种悲哀；对纪检部门来说，则是一条反腐线索。经过多年发展，我国公务员招录已经建立起一套成熟的制度，长治这起“公务员三项第一却被刷”的事件仅是个案而已。不过，同样值得事业单位公招考试借鉴和吸取教训，即使是个案，当地纪检、监察部门也应该予以严查，若没有问题，给考生一个交代；有了问题，则一追到底，把“蛀虫”揪出来，防止它“坐大养肥”。

第二节　法学分析

一、法律关系主体

体检由于涉及第三方体检医院的参与，因此其法律关系相较于其他环节更为复杂，体检医院在该环节中发挥了重要的作用。涉及的法律关系主体主要有以下三个。

（一）招聘单位或主管部门

招聘单位或主管部门主要负责事业单位公开招聘体检工作的各项事宜，对体检工作的顺利展开进行管理。

（二）考生

应聘人员，即符合招考条件、通过笔试和面试的考生。

（三）体检医院

主要是指接受招聘单位的委托，具有相关体检资质的医院。

二、法律关系客体

在体检环节，涉及的法律关系客体是体检结论的真实、有效性。事业单位作为具有社会服务性、公益性的组织或机构，其本身就承担着促进社会公平就业的职责，体检环节的有效规制能够为普遍社会公众提供一个平等的就业平台，而这种规制不仅体现在体检项目的设置与标准上，同时也包括了对体检环节过程中各种违规、违纪行为的规制。体检结果作为是否录取考生的一个硬性指标，细微瑕疵都可能使考生错失一个就业的机会，因此对体检环节应当进行全面的法律规制，保证体检结论的真实、有效性。

三、权利义务关系

（一）考生与单位之间的履约关系

体检是用人单位对笔试、面试合格考生履约义务的过程。按照报名时的公告通知，笔试、面试通过的考生应当到用人单位的指定医院进行身体检查，考生与用人单位围绕着公告履行各自的权利义务。需要注意的是，用人单位在此时具有指定相关合格资质的医院的义务。

（二）招聘单位与医院之间的权利义务关系

二者之间的关系，应当根据考生体检时是否需要自行承担体检费用而区别对待。当考生自费体检时，考生与医院之间形成了向第三人履行的服务合同。基于考生与招聘单位之间的契约关系，默示为医院具有向招聘单位提交体检报告的义务。此时招聘单位为第三人，而医院作为履行合同义务的另一方。当考生免费体检时，招聘单位与体检医院之间签订体检服务合同，由医院向第三人考生履行，招聘单位与医院之间形成向第三人履行的服务合同。

（三）考生与医院之间的权利义务关系

两者之间的关系，也应根据考生体检时是否需要自行承担体检费用而区别对待。当考生自费体检时，考生与医院之间为体检服务购买的关系。考生接受报考条件就意味着考生具有按照体检通知上指定的医院以及时间进行体检的义务并支付体检费用，而医院则具有按照招聘单位行政委托的约定对考生提供体检服务的义务。当考生体检免费时，考生作为第三人，由医院依据用人单位的委托向其履行体检服务。

四、核心要点

（一）体检标准的选择

我国现行的国家体检标准类别多，涉及各个领域，从征兵体检标准到普通高等学校招生体检标准，从公安机关录用人民警察体检标准到公务员录用体检标准，从普通教师体检标准到幼儿教师录用体检标准，各项国家体检标准针对不同的行业、不同的就职环境出台了不同的体检项目与标准，其目的在于使工作人员的体格能够更加适应所处的工作环境。但是从目前来看，各体检标准仍然存在一些问题。

今年上半年广州某报刊发布了一篇题为《公务员录用体检标准下的制度性歧视》的研究报告。报告提出，现行的《公务员录用体检通用标准》，对近 2 亿的健康弱势人群，包括艾滋病感染者（78 万）、血液病患者（以地中海贫血基因携带者为例，仅广东就 1 000 万）、糖尿病患者（9 700 万）、听力（1 263 万）和视力（2 054 万）障碍者的平等就业权利产生影响。该报告指出了我国现行公务员体检标准的不合理以及不合法之处，引起了严重的就业歧视问题，对求职者平等就业和人格尊严等都是一种侵害。而事业单位公招的体检标准向来以公务员的体检标准为参考，因此在国家消除就业歧视政策不断出台的情况下，关于事业单位公招的体检标准也亟须制定。

现行事业单位公招体检仅以公务员体检标准为参考，并未制定统一的体检标准。但是在参考公务员录用体检标准中，由于其采用了统一标准制，标准的具体规定与职位的内在要求相分离，从而使体检标准这一行政手段与其立法目的之间缺乏必要的关联性[①]。例如体检标准中有一定代表性的“身高、体重、容貌、携带乙肝病毒等规定”，这些都与招聘岗位的具体工作职能无关，但是往往这些标准成了体检是否合格的重要指标。这些体检标准无疑对部分群体造成了歧视。虽然在我国立法中，有明确规定禁止对于乙肝等传染性病原的检查，但是实践中因为携带乙肝病毒而被招聘单位拒之门外的不在少数。对此，我国亟待事业单位公招体检标准的出台，以促进公平就业为目的，为事业单位公招提供一个更公开、公正的平台。

但是在我国事业单位公招缺乏统一的权威体检标准，并且由于行业差异无法以统一的标准来进行衡量时，往往需要从众多的国家体检标准中挑选最适宜的体检标准进行参照。就目前来看，大多数事业单位体检标准参考公务员体检标准，但是实践中的效果并不是很好，往往会引发由于体检标准所带来的争议。因此在选择参考体检标准时应当注意以下几点：首先，所参照的体检标准应当简便、易行，既方便考生的身体测试，又方便体检医院的各项体验；其次，所参照的体检标准应当具有权威性，国家所出台的各项体检标准都是经过长时间的实践检验，因此在参照体检标准时应当选取争议小、具有官方权威的国家体检标准；再次，选取参照体检标准时应当考虑到经济成本的控制，应当与实际的工作岗位有关联，一些体检项目与实际工作岗位并没有太大的联系，此时，如果仍然选取该标准进行体检必然无端增加

① 李昊．公务员录用体检标准歧视问题的制度根源与法理分析［J］．辽宁行政学院学报，2005.

考生费用，引起社会怀疑。2004年，湖南省报考公务员体检标准中因有“双乳对称”的规定而引发社会的强烈质疑。虽然相关责任人对“双乳对称”的规定进行了解答，称此为体检的需要，因为双乳不对称是由身体疾病而引发的，是身体不健康的表现。尽管如此，由于受到社会的强烈批评，最终，“双乳不对称”的体检标准被废除。

（二）体检组织实施中的法律关系

一是招聘单位与医院之间的权限委托、管理授权。在体检环节中，招聘单位将体检事项委托指定的医院进行，由指定医院按照招聘单位提供的体检项目以及标准对应聘者进行身体检查，并将检查最终结果提交给招聘单位，由招聘单位最终做出是否录用的体检结论。在招聘单位与医院之间的委托授权中，涉及两者之间的管理权限问题。只有明确用人单位与体检医院之间的管理权限，才能有效保护作为相对弱势一方的考生的利益，为考生提供全面的救济保障。因此既要对招聘单位进行一定的限制，也要对体检医院进行限制。首先，招聘单位与体检医院之间的委托关系必须有明确的授权，即招聘单位在将体检事项委托给相关医院时，必须有法律的授权，并且按照法定的程序，依法、公正地选择具有相关资质的体检医院，用人单位应当承担指任体检医院的责任。其次对于体检医院来说，必须具有进行相关体检事项的资质，并且按照招聘单位的要求认真履行其职责，不弄虚作假、欺瞒考生或用人单位。

二是体检结论与医学结论。由上述，体检结论与医学结论具有本质的区别。医学结论由体检医院得出，依据其对考生的身体测试，对比用人单位所提供的体检标准得出；体检结论由用人单位得出，依据体检医院提供的对考生身体测试的医学结论得出是否录用的结论。这两者的本质区别在于将用人单位与体检医院的职责区分，体检医院只进行体检的相关事宜，得出医学结论，而至于最终是否录用考生则由用人单位决定，这是用人单位的职责，两者不能混淆。实践中出现的混淆体检结论与医学结论的现象，由体检医院或用人单位直接得出是否录用结论存在很大的弊病，为徇私舞弊、权力寻租提供了滋长的空间，因此应当严格按照体检程序，分别得出体检结论与医学结论，保证最终体检结论的真实有效性。

三是复检相关问题。2012 年，某县女教师因事业单位公招的体检争议将体检医院告上法庭。该争议事实很简单，应聘者在招聘单位的指定初检以及指定复检医院体检均被检查出梅毒，而自己到三家权威医院检查时却无任何梅毒病症，但是最后招聘单位还是以复检结果为准拒绝录用该应聘者。这是实践中经常出现的一种体检争议，虽然公招赋予了应聘者复检的权利，但是该权利的行使还是被招聘单位牢牢抓在手里。从理论上来说，指定初检医院是合理的，但是对于复检医院仍由招聘单位指定是否合理值得商榷。复检是应聘者的一种救济途径，理应赋予应聘者相当的自主权，目前实践中对于复检医院也是由招聘单位指定，这样大大增加了医院在体检过程中徇私舞弊的可能。因此应当在制度上充分赋予对体检报告持异议者选择复检医院的权利。“比如规定考生可以就复检提出异地体检或中立的第三方体检的权利，选择在制定医院之外的机构体检，由考生自己承担费用”。这样可以尽可能地避免复检过程中的徇私舞弊，为考生提供更大的权益空间。当然，若考生对两次体检结果都有异议，还可以提出行政复议，招聘单位应当为考生提供充分的权利救济渠道。

（三）考生隐私权与公众知情权的博弈

在媒体报道的某起艾滋病就业歧视的案件中，应聘者小军（化名）在事业单位教师岗位招聘因艾滋病感染而被拒后，关于其感染艾滋病的消息被相关部门公开，此行为给小军造成巨大的精神伤害，该案例引起了社会大众对事业单位招聘隐私权保护的问题的相关思考。

近几年，频频曝光的违法乙肝检查导致考生隐私权被侵犯的案件，引发了关于事业单位公开招聘体检环节中的隐私权保护问题。一方面，我国劳动和社会保障部、卫生部联合下发的《关于维护乙肝表面抗原携带者就业权利的意见》中明确指出："各级各类医疗机构在对劳动者开展体检过程中要注意保护乙肝表面抗原携带者的隐私权。"《中华人民共和国执业医师法》和《中华人民共和国传染病防治法》中也规定："疾病预防控制机构、医疗机构不得泄露涉及个人隐私的有关信息、资料。"从上述规定中可以看出，在事业单位公招中，医院作为具体执行体检的第三方，在对应聘者进行检查时，是有义务对应聘者的个人隐私进行保密的。体检医院若将应聘者相关的体检结果公之于众，显然是违反了保密义务的，泄露了应聘者的隐私。另一方面，我国《关于维护乙肝表面抗原携带者就业权利的意见》也明确指出："除国家法律、行政法规和卫生部规定禁止从事的易使乙肝扩散的工作外，用人单位不得以劳动者携带乙肝表面抗原为理由拒绝招用或者辞退乙肝表面抗原携带者。用人单位在招、用工过程中，可以根据实际需要将肝功能检查项目作为检查标准，但除国家法律、行政法规和卫生部规定禁止从事的工作外，不得强行将乙肝病毒血清学指标作为体检标准。"根据上述条文规定，招聘单位在法律法规外将乙肝列为体检的项目本身就是违法的，医院进行相关体检也是违法体检。

入职体检在我国的求职道路中是一个很平常的事情，大多数的招聘单位在录用的最后环节都要经过体检程序，以确保录用人员身体健康。事业单位公开招聘当然也不例外。但是这种例行的体检往往会侵害到应聘者的隐私权，在国外，一般并没有入职体检，且很多个人信息也是不允许在招聘中提出来的，比如政治面貌、政治倾向、年龄、婚姻状况等。而对于体检来说，因涉及应聘者的身体状况，身体是个人隐私的一部分，是一种个人权利，入职体检会产生个人隐私权与公众知情权之间的矛盾。事业单位作为公共服务、公益性质的机构或组织，其公招信息应当是面向社会公开的，因此涉及个人隐私问题时，就不可避免地会产生权利之间的冲突。首先，我们要认可在体检时对个人隐私的保护是必需的，这是现代法治国家对公民必要的权利保障；其次，公众的知情权也是必须维护的，阳关是最好的防腐剂，只有向公众公开公招信息，使更多的群众参与到公招事业中来，才能有效地限制公权力，让公权力在合适的范围内行使。为了在个人隐私权与公众知情权中取得一个平衡，其关键在于设立负面清单，通过负面清单的形式，由法律明确规定为了保护个人隐私而不能公开的公招体检信息，在保障公众知情权的同时防止个人隐私的泄露。此外，在满足公众知情权时，也应当依照法定程序进行公开，而不能随意公开，损害公招的权威性。

（四）体检问题追责

事业单位公招的体检过程中违规违纪行为时有发生，医院作弊、考生贿赂等，对于这些违规违纪行为的责任承担问题目前立法也并未明确规定，仍然是立法的空白点。在实践中，体检中的问题难以得到有效、及时的解决，皮球在招聘单位、体检医院、组织人事部门之间滚来滚去，考生权益得不到维护，体检中的错误行为也不能得到及时纠正。由于体检环节中的问题频发，不少考生指责事业单位公招体检是“精确制导、定点清除”，为“萝卜招聘”做好充足的准备。这是极不利于事业单位公招的公信力和权威性的。

总结近年来事业单位公招体检环节所出现的问题，主要包括两大类情形：一类是故意违规违纪行为，如代人体检、弄虚作假、贿赂体检等，对于这种情况，应当直接对相关负责人进行责任追究，或纪检追责，或刑事追责；另一类是过失行为，包括体检医院在对考生进行身体检查时，由于过失原因，将不合格归为合格或将合格归为不合格，前一种情况对于用人单位来说招收了身体检查不标准的考生，不适合当前工作岗位的需要，对用人单位造成了一定的损失，而后一种情况，由于医院的过错使得身体合格的考生误入了不合格的那一类而丧失了就业机会，对于考生来说是一种极大的损失。医院的过失行为要么对用人单位造成损失，要么使考生的合法利益受到损害，因此应当由法律严格规定在该种情况下的追责方式，以便用人单位或考生的权利得到救济。

（五）精神性、心理性疾病

当前体检项目一般仅局限于身体各器官的指标检查与测量，而无精神性、心理性疾病的检测。现代社会高速发展，精神性、心理性疾病伴随着现代人的生活、工作与学习而产生。据全美心理健康研究所调查结果显示："美国每年有四分之一的成年人患上心理疾患，百分之六患有严重精神疾病，比如精神分裂症或严重抑郁症等。"因此心理疾病如身体疾病一样不容忽视。但是就目前的体检项目与标准来说，精神性疾病与心理性疾病检测缺失，在实践中体检并不能检验出该类疾病，这也为事业单位招录带来了困扰。

一般说来，身体性疾病比心理性疾病更容易发现，相对来说也更容易治疗，患上心理性疾病对工作的影响要远远大于身体性疾病。因为往往心理性、精神性疾病很难发现，而一旦发现其治疗期将是很漫长的过程，对整个工作都会产生巨大的影响。因此可以尝试将精神性、心理性疾病的检测纳入体检的项目中，虽然就我国目前的医疗水平以及医疗器备来说，进行相关检测还有一定的难度与局限性，但是随着社会的发展以及科技技术的更新，关于精神性、心理系疾病的检测建议应纳入体检项目与标准中。

第三节 对策建议

一、分类、分层出台体检权威标准

事业单位与行政机关的不同在于事业单位员工工作涉及全国行业的各个领域，而行政机关的公务人员工作内容相对来说比较单一，相较于事业单位工作人员更容易进行统一管理，因此事业单位更多样、复杂。具体到体检环节，统一体检标准的制定对于跨行业、跨部门的事业单位来说实施起来比较困难，而且欠缺科学性。因此，可以针对不同行业、不同领域分别制定所适用的体检标准，规范特定领域内事业单位的体检标准。比如，教育部门、卫生部门等，这类部门所涉及的事业单位众多，而且其工作在一定的范围内具有同质性，因此对于这类只能较为相似的事业单位单独制定体检标准，利于对该类事业单位的体检进行规范管理。

二、科学、合理地制定操作实施细则

事业单位公开招聘由于发展起点晚，很多具体的实施细则仍然欠缺。具体到体检工作，对于体检所涉及的各个主体的权责划分尚未出台明确的实施细则。相较于公务员的公开招聘工作差距较大，因此亟待国家出台关于体检工作的详细实施细则。具体说来，包括对于体检工作中各主体的具体职责划分、体检标准、体检紧急事件的处理预案等，这些都有待于立法的进一步细化与完善。

三、创新探索精神心理疾病指标

正如上文中的分析，精神性、心理性疾病检测在实践中属于空白，但是该项检测却具有必要性。患有精神性、心理性疾病的员工对工作往往会带来较大的影响，而由于体检标准对该项的缺失，用人单位无法提前得知，对用人单位来说也会造成实践中的困扰。因此建议相关部门探索制定有关心理性疾病的指标体系，该指标体系应当建立在科学合理的评估与测量之上，有助于单位筛选到真正适合工作岗位的员工。

第四节 延伸思考

问题一：体检是否应当收取费用

事业单位公开招聘体检是公招的必经程序，在现实情况下，大多数事业单位公招体检都需要考生自己缴纳体检费用，这是一种惯性做法。除了事业单位公招外，公务员招录、一般企业单位招聘体检也大多数由应聘者自己缴纳体检费用。但是考生自费体检的做法引起了社会的广泛质疑，让考生自己承担体检的费用，去证明自己的身体是否有问题显然是不合理的。事业单位作为服务性、公共性的组织或机构，其公开招聘工作本来就是一个系统工程，在确保效率的同时也要保证制度的公平。

对于体检的收费问题，可以通过政府对事业单位的辅助支持来解决。一方面，在不增加考生负担的情况下，在预算中单独列支关于事业单位招聘人才的工作经费，确保招聘工作的公平开展。另一方面，要增加对公共人才服务机构的资金扶持力度，通过扶持，加强对事业单位软硬件的建设，提高公共人才服务机构的整体服务水平和能力，从而降低事业单位招聘工作的单项成本，逐步建立并形成规范、高效、公平的运行体系①。因此，对于体检的费用问题，可以考虑纳入财政预算，由政府承担体检的费用，在降低考生成本的同时，也提高事业单位的公共服务能力。

问题二：体检标准如何认定

事业单位因为涉及教科文卫体多种部门，目前尚无统一的体检标准。以《四川省事业单位工作人员招聘工作试行办法》举例，该办法第二十二条规定："体检项目和标准由招聘单位或者其上级主管部门根据招聘岗位要求，参照人事部、卫生部《关于印发〈公务员录用体检通用标准（试行）〉的通知》确定。国家和省另有规定的，从其规定。"

关于公务员体检项目及标准，具体办法一般由中央公务员主管部门会同国务院卫生行政部门规定。涉及体检的文件有：《公务员录用体检特殊标准（试行）》《公务员录用体检操作手册（试行）》《关于修订〈公务员录用体检通用标准（试行）〉及〈公务员录用体检操作手册（试行）〉的通知》《关于印发〈公务员录用体检操作手册（试行）〉有关修订内容的通知》《关于进一步规范入学和就业体检项目维护乙肝表面抗原携带者入学和就业权利的通知》（部分行业、部门有规定的从其规定）。

《公务员录用体检特殊标准（试行）》规定的一些特殊职位（含公安机关、监狱戒毒管理机关的警察职位和法检机关的司法警察职位，

---

① 徐子龙. 事业单位招聘中的公平性问题研究［D］. 昆明：云南大学，2013.

以及外交、海关、海事、检验检疫、安监等部门中的部分职位）在招录公务员时，其体检项目按照该标准执行，未明确提及的职位，仍按照修订后的《公务员录用体检通用标准（试行）》执行。

因为事业单位涉及面也相当广泛，但是缺乏权威体检标准的现状仍然没有得到有效改变。因此可以参考公务员体检相关规定，制定事业单位体检操作手册。同时，因为事业单位本身的专业性，在制定该手册时需要充分考虑其特殊性。

问题三：体检医院资质标准如何认定

入职体检目前已成为大多数企业单位招聘的必经环节，通过体检来筛选身体素质合格的应聘者从事相关的岗位工作。大多数体检相关单位都会指定体检医院，由应聘者或自费或免费到指定的医院进行体检。从理论上来说，指定医院的做法是合理的，通过指定医院可以使众多应聘者通过一个统一的渠道进行身体检查，由体检医院统一报送体检结果，这样可以节约成本，提高效率。事业单位公招体检也是采用指定医院的做法，但是从实践中看来，指定医院的做法易引发医院与招聘单位之间的腐败滋生，损害考生的利益。因此对于指定的体检医院应当严格进行筛选与监管。目前，事业单位关于体检医院的指定尚无明确文件规定，主要是由用人单位或主管部门对相关资质医院进行选定，没有具体规范。

反观公务员公开招聘，《公务员录用体检通用标准（试行）》明确规定："公务员录用体检要在录用主管机关指定的县级以上综合性医院进行。"主检医师应具有副主任医师以上专业技术职务任职资格。该通用标准十分明确地对公务员体检医院的资质进行了规定，主管机关可以在该标准下指定体检医院。事业单位体检缺乏相关法律法规的规定，目前尚处于空白阶段，用人单位在指定体检医院程序上极不规范。针对目前资质医院指定的问题，建议由上级部门统一制定事业单位体检资质医院清单，由主管部门在该清单范围内指定体检医院，避免产生负面的社会舆论。

问题四：对怀孕考生如何处理

在体检环节中，有一个特殊的情形成为目前体检环节的难题，即怀孕考生如何处理的问题。目前，事业单位对此尚无明确规定，如若处理不当，会有歧视怀孕妇女的嫌疑，实践中针对此问题的做法也极易引发争议。难题主要是怀孕考生体检时不能进行 X 光体检，但是若等待怀孕考生生产后进行体检，则会对公开招聘的进程产生较大影响；若因为考生怀孕无法体检直接拒录该考生，则对考生不公平，是一种隐形的歧视。

国家公务员考录政策规定："对于怀孕考生参加体检的在体检时暂不进行妇科和 X 光等项目的检查，待考生孕期结束可进行妇科和 X 光等项目的检查时，完成体检，得出体检结论。"由于事业单位关于对怀孕考生的处理目前尚未明确规定，因此，在实践中也可以参照公务员对于怀孕考生的做法。具体说来，可以分为两种情况处理：其一，可以直接参照公务员的相关规定，等妊娠期过后再补做体检，体检合格后再录取。其二，对于工作岗位急缺人员，需要立即招录到岗员工的，应当预先在公招公告中详细说明，对于公告中详细说明的则不必等待怀孕考生妊娠期过后再体检。

第八章　考核、审核与聘用

如果同一批人同时拥有制定和执行法律的权力，这就会给人们的弱点以极大诱惑，使他们动辄要攫取权力，借以使他们自己免予服从他们所制定的法律，并且在制定和执行法律时，使法律适合于他们自己的私人利益。

——洛克

第一节　考核部分

一、环节综述

（一）基本概念

计划经济时代，事业单位与党政机关适用完全相同的进人制度，主要通过接收高校毕业生、组织调配和吸收录用等方式补充人员。由于这种进人方式的特殊性，同时为了避免出现弄虚作假等的问题，事业单位对新进人员的身份、档案等资料进行严格的审查。而考核正是来源于这一传统和惯性思维。

《事业单位公开招聘人员暂行规定》第二十一条规定："对通过考试的应聘人员，用人单位应组织对其思想政治表现、道德品质、业务能力、工作实绩等情况进行考核，并对应聘人员资格条件进行复查。"而《事业单位人事管理条例》第十三条亦规定："公开招聘考试内容包括招聘岗位所需的专业知识、技能；考察内容包括思想政治表现、道德品质以及与应聘岗位相关的专业素养、业务能力。"第三十七条则对公开招聘中的"考核"和平时"考核"具体内容做出规定："事业单位根据聘用合同和岗位职责，以服务对象满意度为基础，全面考核工作人员的德、能、勤、绩、廉，重点考核工作绩效。"这五个方面综合体现了事业单位拟聘人员的素质及其履行岗位职责的情况，是一种概括性的表述。其基本含义是：①德，包括政治品德、遵守职业道德和社会公德的情况及个人品德；②能，指业务知识和工作能力；③勤指事业心、工作态度、工作作风和勤奋精神；④绩，是指工作实绩；⑤廉，是指廉洁自律情况。

事业单位公开招聘的考核环节是公招制度中的重要组成部分，我国各省市地区对考核的流程大多分为两部分：第一，考察。各考核小组分赴关联单位对被考核人进行考察。考察一般采取查阅档案、听取领导或组织情况介绍、个别谈话、召开座谈会等形式进行。考核小组根据考察情况，按照考核标准进行测评，并形成考察材料，提出考察结果意见。考察材料要求全面、客观地反映被考核人的情况，并附必要的证明材料。证明材料要求证明人签字或加盖有关单位的公章。第二，审核。考核工作班子审核考核小组提出的考察材料和考核结果意见，集体研究后确定考核结果，并由用人单位负责通知被考核者本人，并作为决定是否录用的重要依据。

综上所述，"考核"是事业单位公招资格审查的特殊环节，本书将其定义为："招聘单位或主管部门按照管理权限，根据招聘名额和考试成绩排名，从高到低等额确定考察对象后，对其思想政治表现、道德品质、业务能力、工作实绩等方面进行综合考核，并对与报考相关的人事档案等材料的真实有效性和报考资格进行复查核实确认的定性分析。考核中发现有不符合聘用条件的，按成绩排名从高到低依次等额递补考核人选。”

（二）实践中存在的问题

我国的事业单位公开招聘考核制度汲取了传统干部人事制度的长处，形成自身的特点并已发挥了其重要作用。但随着市场经济体制的建立和政府行政体制改革的深入，事业单位考核制度中存在的问题也凸现出来，虽然学术界和各级政府都在积极探索考核机制的创新，但在具体操作中却存在着诸多问题。

1. 考核标准及程序不够清晰

首先，目前我国的事业单位公开招聘考核标准不够明确，考核方式过于笼统，缺乏针对性，分类、分层次考核的基本要求不明确；其次，考核程序不合理，考核者发放表格，考核者填写后就只能等待考核结果，并在考核结果送达后签字接受。考核就像是“走过场”，考核者与被考核者缺少充分、有效的沟通，导致双方信息不对称，被考核者处于被动地位。

2. 实践操作中无法定量分析

由于事业单位公开招聘考核内容本身难以量化，考核指标难以明确，导致大部分招聘单位在实施考核中往往偏重于定性考核，忽视定量考核。而缺乏定量考核的支持，又会进一步导致考核组织者难以在实际操作中对考核要求和标准准确把握，最终影响了考核的质量。可以说，正是量化考核的“缺失”，才导致了考核标准的模糊和难以估量，进而导致考核等次差距拉不开，难以评定招聘结果等，而仅仅凭印象、靠感觉，主观判断过强，无法实现人岗相宜的理想状态，只能定性分析是否符合招聘条件，甚至会在考核过程中出现“晕轮效应”“宽容与严厉误差”等现象。

3. 考核人员未认真履职

事业单位公开招聘考核工作在本身工作量大、难度高的前提下，缺乏相关法规法律的支持和保障，考核制度的建设失去坚强后盾，致使责任主体无法明确，相关人员也无法按照规则办事，负责考核的人员不认真履职，更有甚者演变为贪污受贿、徇私舞弊等，使事业单位公开招聘考核工作流于形式，进而也错过了对考生的实质性审查。

4. 考核结果公开程度较低

目前，我国事业单位公开招聘中考核的监督检察乏力，考核结果公开程度低，考核的公正性受到广泛怀疑。这样既不利于接受社会监督，考生对结果的信服度也较低，降低了考核工作的权威性。

（三）典型案例

案例一：中国国际扶贫中心副主任学历造假案件①

中国国际扶贫中心系国务院扶贫开发领导小组办公室下属事业单位，该中心副主任魏崇金2012年下半年被有关部门调查，但调查结论尚未对外公布。网上盛传，魏崇金的出事，或与其干部身份、学历涉嫌造假有关。魏崇金的经历的确“传奇”：出生于1962年，当过铁匠，做过生意，1990年前后离开老家进京时，他还没初中毕业。然而，仅仅十余年后，魏崇金命运陡转。2003年，他挂职云南省发展计划委员会副主任，从此仕途一路平稳，直至国务院扶贫系统干部。

瑞昌本地官员及同村人更熟悉的，是魏崇金20世纪90年代进京之前的角色：学历不超过初中，先开了铁匠铺，后来做了一些生意。20世纪70年代中期，魏崇金读完了小学，生产队批准其去学习打铁，

① 卢义杰，高四维. 魏铁匠的升官路线图［N］. 中国青年报，2014-06-27（07）.

地点在与苏家墩相隔数公里的桂林乡。至今，闲谈时仍有村民称他为“魏铁匠”。走出铁匠铺之后，魏崇金参与经营了一家镀锌厂，并与当地官员产生了交集。20世纪八九十年代之际，魏崇金经历了今天看来或许颇为重要的转折——进京，不过，他究竟为何进京，进京后发生了什么，大部分的瑞昌籍官员、消息人士、村民称不知情。不过，没多久，魏崇金做官的消息在苏家墩传开。对于魏崇金的仕途、学术来说，2003年无疑是获得“双丰收”的重要一年。

云南省人民政府主管主办的《云南政报》2003年第9期记载，2003年5月，魏崇金被任命为云南省发展计划委员会副主任，该职务后用括号注明了“挂职”，这也是目前公开资料中可以查询到的魏崇金的第一个官员身份。同时，魏崇金2003年6月进入大连理工大学管理学院，攻读“管理科学与工程”硕士学位。此时，距魏崇金告别苏家墩仅10年左右。离开老家前，魏崇金的学历不超过初中，没有迹象显示其担任过国家干部，但这时，魏崇金是一个正厅级单位的挂职副职领导，且将拥有更高的学历。这10多年之间到底发生了什么，魏崇金如何突然步入仕途并飞速崛起？

一年之后，2004年12月的《云南政报》显示，魏崇金被免去云南省发改委副主任职务。任免通知中未列明免职原因与其新去向。在互联网上，没有检索到魏崇金在云南任职一年期间的公开报道。此后，魏崇金跨界到了包装行业。据公开报道，2006年4月，魏崇金以中国包装联合会党委书记的身份出席了该会的“世界包装之星颁奖典礼”活动。魏崇金再次出现在公开报道中则是在2009年3月。这时，他已进入中国国际扶贫中心担任副主任。

截至目前，涉事“三假干部”的具体信息没有披露。中国国际扶贫中心系国务院扶贫开发领导小组办公室的下属事业单位，不难看出，该中心副主任的任职情况相当模糊，甚至可能是“三假干部”，谁为假干部制造了假档案，并输送到国务院扶贫办的下属事业单位？而事业单位在聘用该员工时的考核环节中也未对其学历、党员身份、任职经历等档案资料提出异议，可见考核环节并未真正发挥作用，公开招聘中的诸多疑点值得追问。

案例二：司法部原副部卢恩光履历“全面造假”，被查恰在全国干部档案审核之后①

新京报快讯（记者沙雪良）中纪委 5 月 25 日发布消息，履历“全面造假”的司法部原党组成员、政治部主任卢恩光，因严重违纪被开除党籍、公职，将其涉嫌犯罪问题及所涉款物移送司法机关依法处理。

（一）卢恩光履历“全面造假”

卢恩光的“全面造假”，具体说，是指年龄、入党材料、工作经历、学历、家庭情况等都存在造假。

卢恩光原是一名私营企业主，他如何靠“全面造假”的履历，一步步变身为副部级干部？中纪委的通报有所揭示，即“金钱开道，一路拉关系买官和谋取荣誉”“亦官亦商，控制经营多家企业，通过不正当手段为企业谋取利益”“对抗组织审查”。为在职务提拔、企业经营等方面谋取不正当利益，送给国家工作人员巨额财物，涉嫌行贿犯罪。

干部档案是记载干部基本信息、政治思想、业务能力、工作表现、工作实绩等内容的文件材料，是考察干部的重要依据。在《中国共产党纪律处分条例》《公务员法》《干部档案工作条例》中，对伪造档案、弄虚作假等行为均有明确的处理条款。

---

① 司法部原副部卢恩光履历“全面造假”，被查恰在全国干部档案审核之后［EB/OL］．(2017-05-25)［2018-06-29］. http://news.163.com/17/0525/15/CL9R01JU00018AOR.html.

（二）多位官员落马源于履历造假

近些年来，干部履历造假引起社会普遍关注。如山西河津市科级干部薛新民11次谎报出生日期，多次伪造学历，被党内警告处分后仍获重新任职。河北石家庄团市委副书记王亚丽，身份、年龄、履历、档案均涉嫌造假，在冒充他人女儿，意图侵占他人遗产时，遭当事人家人举报。2011年1月，王亚丽被逮捕，同时有11名干部被查处。同年，王亚丽一审以职务侵占罪、行贿罪被判刑14年。

2015年7月6日，中共中央纪律检查委员会通报显示，新疆“首虎”、自治区人大常委会原副主任栗智“严重违反纪律，档案造假，向组织隐瞒本人真实年龄”。由此，栗智成了首个被通报年龄造假的省部级官员。

今年3月，广东省委原常委、珠海市委原书记李嘉被双开。中纪委在对李嘉严重违纪问题的通报中有一句话——“严重违反组织纪律，篡改本人档案并向组织提供虚假说明”。

干部履历造假，集中在“三龄两历一身份”，即年龄、工龄、党龄，学历、经历和身份信息。干部履历造假的时间节点，多在干部选拔任用前后和干部工作跨区调动期间。

（三）专项核查之后，卢恩光被调查

从2014年以来，中共中央组织部出台了多项制度，并开展专项核查，整顿干部履历问题，防止“带病提拔”。

为防止“带病提拔”，2014年1月，中共中央组织部印发《领导干部个人有关事项报告抽查核实办法（试行）》，在全国正式启动抽查核实工作。从2015年1月开始，中共中央组织部在全国范围部署推行领导干部个人有关事项“凡提必核”，凡是拟提拔为副处级以上干部人选、后备干部人选以及转任重要岗位人选等，都要进行重点抽查核实。加大随机抽查力度，将抽查比例由3%至5%扩大到10%。

2015 年 11 月，中共中央组织部就干部人事档案造假问题出台试行办法，明确对当事人、参与造假人员及领导的处理。

2014 年 10 月起，中共中央组织部在全国部署开展了干部人事档案专项审核工作。2016 年年初，中组部对在专项审核中发现的 420 名档案造假者给予了组织处理或纪律处分。

2016 年 12 月初，中共中央组织部发布消息，在 2014 年 10 月至 2016 年 6 月进行的干部人事档案专项审核工作中，各级组织人事部门针对干部重要信息记载不准确、不一致的问题，通过调取原始户籍材料、学历学位认证、物证鉴定等方式查核了 64.5 万人的信息；针对档案材料不齐全、不完整的问题，补充完善了 2 549 万份材料。

2016 年 12 月 16 日，中共中央纪律检查委员会发布消息：司法部党组成员、政治部主任卢恩光涉嫌严重违纪，接受组织调查。

二、法学分析

（一）法律关系主体

事业单位公开招聘考核环节中，主要涉及三方法律关系主体：招聘单位及其主管部门、考生、其他相关联单位（如学校、社区、原工作单位、档案、学籍管理部门等）。

（二）法律关系客体

法律关系客体是“招聘条件的真实有效性”和“社会诚信体系”。

（三）权利义务关系

主要的法律权利义务关系分为两组：第一，招聘单位及其主管部门与考生之间类似“尽职调查”关系；第二，招聘单位及其主管部门与其他相关联单位之间为向第三人（即考生）履行的契约合同关系。

(四) 核心要点

1. 尽职调查与实质性调查

“尽职调查”(Due Diligence)的含义十分丰富，在法律、金融、投资领域得到了广泛运用，是指由中介机构在企业的配合下，对企业的历史数据和文档、管理人员的背景、市场风险、管理风险、技术风险和资金风险做全面深入的审核，多发生在企业公开发行股票和企业收购中。[①] 在经济业务交易中存在“陷阱”，即所谓风险无处不在。这些陷阱，可能造成一项业务的波折，甚至可能摧毁一个企业。而陷阱的根本来源是信息的不对称，尽职调查的目的就在于探明这样的“陷阱”，弥补我们在信息获知上的不对称，通过核实交易对方的各项情况，明确对方存在哪些隐蔽的风险和问题。在此基础上确定业务的可行性，为业务交易的最终实施提供参考。

在事业单位公开招聘考核环节中，招聘单位需对考生提供的身份、档案等进行调查、核实，就是一种“类尽职调查”关系。而正如前文所述，考核也是事业单位公开招聘中的“实质性的资格审查”，既是招聘单位及其主管部门对考生的身份、档案、学籍等招聘要求条件的有效性尽可能全面调查、核实的过程(即“尽职调查”)，也是就这些信息的真实性与相关联单位(如学校、社区、原工作单位、档案、学籍管理部门等)进行实质性审查的过程。

2. 定性考核和定量考核

“定性考核”是指无法直接通过数据量化计算、分析评价内容，需对考核对象进行客观描述和分析来反映考核结果的一种方法。而“定量考核”指运用统计方法，通过量性分析考察的一种方法，根据

---

① 张可. 大数据交易环节的法律问题探讨——以数据资源购买和使用为视角 [J]. 大数据时代，2018 (1).

考核的目的和需要，确定合理、明确的若干考核项目，然后合理、恰当地评定标准分数段，按百分的要求，由评定者对照被考核者的情况逐项评定填写，并引用数学中的“加权平均数”，使考核的各种条件主次分明。较之定性考核，定量考核具有诸多优点：第一，定量考核标准明确、结果清晰，具有科学性和可操作性，便于在事业单位公开招聘中执行；第二，将考核量化，不仅使评分标准更加清晰、明确，提高了招录打分效率，又能更好地避免考官主观臆断、胡乱打分，这样的结果也更能使考生信服和接受。

笔者认为，国家立法应当是考核标准的合法性来源，但事业单位的相关法律法规甚少，其中涉及公开招聘考核环节的部分更是寥寥无几。仅在《事业单位人事管理条例》第三十八条中规定：“年度考核以平时考核为基础，实行单位内部评议与服务对象评价相结合，定性分析与定量分析相结合，采取个人总结、绩效分析、民主测评、综合评价等符合单位和岗位特点的方法。”而在实践操作中，大部分招聘单位及其主管部门侧重于定性考核，忽视定量考核，导致考核主观性过强，考核结果失真等问题。

综上，笔者认为实现数据化定量考核在现有条件下虽有一定难度，但也是具有可行性的（参考“2013 年瓯海区城市建设类事业单位公开招聘工作人员考核评价量化标准”），因此，事业单位公开招聘考核中，要坚持定性考核和定量考核相结合，突出定量考核，科学设计定量考核目标体系。

2013年瓯海区城市建设类事业单位公开招聘工作人员考核评价量化标准

一、量化内容及分值构成

量化分两个部分，即基本条件与业绩评估。总分30分，其中基本条件满分10分，业绩评估满分20分。

二、各部分计分及加、减分

1. 基本条件（满分10分）

根据报考人员的学历、职称任职年限、专业论文评估和科研成果评估分别进行计分。

（1）学历，按表8-1计分，只计最高学历分。

表8-1

分数（分）／学历／教育程度		研究生及以上	本科	大专	中专
所学专业与从事专业一致（相近）	全日制教育	3	2	1	0.5
	在职教育	2.5	1.5	0.5	0
所学专业与从事专业不一致	全日制教育	2.5	1.5	0.5	0
	在职教育	1.5	1	0.5	0

（2）职称，获得中级专业技术资格职称计2分，获得中级专业技术资格职称并具有相应执业资格计3分，获得高级专业技术资格及以上职称计4分。

（3）任职年限，获得中级专业技术资格职称后，每周年计1分，累计加分不超过3分。

2. 业绩评估（满分20分）

（1）专业论文评估（满分3分），根据发表论文刊物的级别和论文质量进行评分。不进行多篇累计计分，以发表论文刊物的最高级别为准，如表8-2所示。

表 8-2

<table>
<tr><td rowspan="2" colspan="2">期刊级 / 分数（分） / 独/合</td><td colspan="3">国家级核心期刊</td><td colspan="3">省级报刊</td><td colspan="2">市（地）报刊</td></tr>
<tr><td>第一位</td><td>第二位</td><td>第三及后</td><td>第一位</td><td>第二位</td><td>第三及后</td><td>第一位</td><td>第二及后</td></tr>
<tr><td rowspan="2">公开发表（全国统一刊号）</td><td>独著</td><td>3</td><td></td><td></td><td>2</td><td></td><td></td><td>1</td><td></td></tr>
<tr><td>合著</td><td>1.2</td><td>0.8</td><td>0.6</td><td>0.8</td><td>0.6</td><td>0.4</td><td>0.6</td><td>0.4</td></tr>
<tr><td rowspan="2">内部发行（省市内部刊号）</td><td>独著</td><td></td><td></td><td></td><td>0.8</td><td></td><td></td><td>0.6</td><td></td></tr>
<tr><td>合著</td><td></td><td></td><td></td><td>0.6</td><td>0.4</td><td>0.2</td><td>0.4</td><td>0.2</td></tr>
</table>

（2）科研成果评估（满分3分），科研成果已获得县（区）级一等奖以上的主要贡献者，根据其成果级别和所处位次（独立完成按第一位计分），按下表标准计分，同类成果只计最高分，不同成果可以累计，但最多不超过3分，如表8-2所示。

表 8-3

<table>
<tr><td colspan="2">位数 / 分数（分） / 级别</td><td>1</td><td>2</td><td>3</td><td>4及以后</td><td>说明</td></tr>
<tr><td rowspan="3">国家级</td><td>二等</td><td>3</td><td>2.6</td><td>2.2</td><td>1.8</td><td rowspan="13">获国家一等奖得分在二等奖基础上加0.4分，第一、二位同为3分</td></tr>
<tr><td>三等</td><td>2.6</td><td>2.2</td><td>1.8</td><td>1.4</td></tr>
<tr><td>四等</td><td>2.2</td><td>1.8</td><td colspan="2">1.4</td></tr>
<tr><td rowspan="3">省（部）级</td><td>一等</td><td>2.2</td><td>1.8</td><td colspan="2">1.4</td></tr>
<tr><td>二等</td><td>1.8</td><td>1.4</td><td colspan="2">1.1</td></tr>
<tr><td>三等</td><td>1.4</td><td>1.1</td><td colspan="2">0.8</td></tr>
<tr><td rowspan="3">市（地）厅级</td><td>一等</td><td>1.4</td><td>1.1</td><td colspan="2">0.8</td></tr>
<tr><td>二等</td><td>1.1</td><td colspan="3">0.8</td></tr>
<tr><td>三等</td><td>0.8</td><td colspan="3">0.5</td></tr>
<tr><td>县级</td><td>一等</td><td>0.8</td><td colspan="3">0.5</td></tr>
<tr><td rowspan="2">国家专利</td><td>发明专利</td><td>1.4</td><td>0.8</td><td colspan="2">0.5</td></tr>
<tr><td>实用新型</td><td>0.2</td><td colspan="3">0</td></tr>
</table>

（3）对报考对象完成的工作实绩质量和数量情况，以及取得的经济效益和社会效益，进行评估量分。具体考核工作由用人单位组织实施。具体标准：优秀，12~14 分；良好，9~12 分；一般，6~9 分；业绩考核较差，0~6 分。

3. 考核标准

考核标准是考核制度最基础的部分，合理、科学的标准是做好考核工作的前提条件。而我国事业单位公招现行考核标准仅在《事业单位公开招聘人员暂行规定》第二十一条和《事业单位人事管理条例》第十三条规定中有所涉及，主要包括思想政治表现、道德品质、业务能力、工作实际等四方面，考核标准的相关法律规定笼统，配套政策细则缺失。

各地事业单位在公招考核执行中主要存在的两类问题。第一，事业单位与政府机关有所区别，其范围更广、专业性更强、种类更加繁杂，因此对人员的需求也是千差万别的。而某些地区没有尊重事业单位的用人特点和岗位特点，完全“一刀切”，没有区分不同单位、不同岗位需要设立不同考核标准，也没有把适合的人才在需要的时间选聘到适合的岗位上。第二，某些地区考核标准与《事业单位公开招聘人员暂行规定》和《事业单位人事管理条例》的规定完全不一致，甚至“因人设岗”、设立考核条件，带有较多主观色彩，违背了考核的真实性和有效性要求。

4. 考核结果如何使用

考核的结果与考生利益密切相关，是决定考生能否最终被招聘单位聘用的重要依据。对考核结果的使用，《事业单位公开招聘人员暂行规定》和《事业单位人事管理条例》中，仅规定“考核合格者聘用”，这一规定显然不够具体、明确。而在实践操作中，考核结果往往还会出现多种情况。其中一种是“考核合格”与“考核不合格”的情况。此时，根据法律规定即可判断，显然需要达到“考核合格”才能予以聘用；而当被考核人员均符合考核条件时，符合条件的考生中谁更优秀应聘用谁？如果根据现行考核方法，通过定性考核后的考生均合格，但合格者数量超过招聘单位提供的职位数额，选择谁、放弃谁，都会给考生带来“考核结果不公平”的误解，此时便凸显了定量考核的重要性。结合定量考核相关数据，即可明确根据排名先后顺序，择优聘用。

5. 政治考核审查

“政治考核审查”简称政审，是在事业单位公开招聘过程中，主要考察考生本人是否思想进步、品德优良、作风正派，有较强的组织纪律性和法制观念。如有反对四项基本原则言行的；有流氓、偷窃等不良行为，道德品质不好的；有犯罪嫌疑尚未查清的；直系血亲或对本人有较大影响的旁系血亲在境外、国外从事危害我国国家安全活动或者间谍活动，本人与其划不清界限的；直系血亲中或对本人有较大影响的旁系血亲中有被判处死刑或者正在服刑的等——均属于政治考核审查不合格。

在我国，事业单位作为具有公共管理功能的单位，其公开招聘实行政治考核审查是必要的。第一，有利于选拔出符合条件的、政治可靠的优秀人才，优化事业单位公开招聘环境，保证公招工作的有序开展；第二，有利于坚持依法治国、依法行政，认真履行法律监督职能，维护社会主义法治的统一，维护宪法、法律的尊严和权威；第三，有利于保证我国领土主权完整和社会政治稳定，对于防止民族分裂、保证国家安全具有重大意义。

三、对策建议

（一）完善顶层设计，健全法律法规

没有具体化、数量化的考核标准，不仅会使考核要注重实绩这一原则无法落实，而且在实践中也很难把握。因此，要制定专门的、统一的事业单位公开招聘考核规则，明确考核标准和考核程序等内容，让考核更加有据可循、合法、公正。首先，考核指标的制定应由考核专家和考核对象共同参与。其次，考核指标的制定应有科学的依据。另外，按照不同的考核目的、考核对象及其工作性质制定不同的考核指标，不同部门的不同类别、不同层次的事业单位在公开招聘中应制定不同的、具有针对性的考核指标，既增加了可比性，又强调了考核者在考核中的责任。

（二）科学制定要点，量化考核标准

考核方法的科学与否直接关系到考核结果的真实性和有效性，在方法的选择上尤其应注意。首先，定性考核和定量考核有机结合，以客观标准为基础，运用科学的考核方法进行定量考核，减少考核的主观色彩，严格考核程序；其次，尽可能地量化考核标准，根据工作要求制定具有可操作性的“德、能、勤、绩、廉”细化标准和所占比重，力求考准、考实；最后，在定量考核时，还必须坚持定性考核，以切实保证我国事业单位聘用人员的政治素质与道德素质。

（三）严格实质审查，确保考核公平

一方面，考核人员需做到尽职、严格、全面审查，并实行考核问责制，加强对考核工作中违法违纪主体的责任追究。另一方面，联合纪检监督和组织人事部门组成考核工作专门的委员会，建立严格的事前、事中、事后全程监督系统，从而达到考核的真正目的，取得良好的考核效果。

（四）明确结果分类，优化反馈机制

全面科学的考核内容是事业单位公开招聘考核的基础和保证，要依据不同职位特点制定科学、有效、具体、量化的分类考核标准和内容，完善考核结果评价机制。同时，随着时代的发展不断引进新的考核指标，大胆引入现代人才测评方法，以注重能力测试为主，使事业单位公开招聘考核内容真正做到与时俱进。

四、延伸思考

问题：考核结果的公开范围

根据2007年4月国务院公布的《中华人民共和国政府信息公开条例》规定，国家按照“公开为原则，不公开为例外”的基本要求，大力推行信息公开工作。而在事业单位公开招聘中，考核结果属于“原则要求”还是“例外要求”、应当公开还是不公开，也是学界长期存在争议的问题。

一方面，考核结果的公开具有以下三点益处：第一，有效推动全国范围的事业单位反腐倡廉。一切欺诈行为的基础都源于信息不对称，无论是考生的欺诈，还是招聘单位相关人员的滥用职权，都源于双方的信息不对称，事实证明，占据信息优势就会成为强势的一方。考核结果的公开使招聘单位将信息充分公开，减少了其与考生的信息不对称，会极大地改善社会公众的监督条件，提升考生的监督能力，对事业单位相关人员的渎职、滥用职权行为产生极大的抑制效果，是反腐败的重要措施，是推动事业单位廉洁自律的重要措施。[①] 第二，保护考生合法权益，推动以人为本的和谐社会建设。中国经济已经发展到必须推行以人为本政策的阶段，依靠大量消耗自然资源的粗放型

① 崔俊杰，孔小莉．信息公开以促进法治政府建设探析［J］．边疆经济与文化，2012（7）．

经济增长模式已走到尽头，“知识经济”已经成为经济进一步发展的必经之路。知识经济社会最重要的资源是知识、智慧与创造力，这种资源只存在于人们的头脑中，事业单位要调动智力资源，要以人为本、尊重人才，实现考核结果的公开，有利于保护考生的合法知情权，对自己的考核结果有全方面的了解，推动以人为本的和谐社会建设。第三，提升事业单位公信力、保证事业单位公开招聘的正常秩序。现代社会中，“公信力”已经成为一项宝贵的社会资源，例如政府与公众的相互信任可以增强彼此的合作效果；政府与企业建立共识可以提升经济活动的成效，从而降低政府行政成本，使社会更为受益。过去，在事业单位公开招聘领域，事业单位在公众面前有着很强的信息渠道优势，管理起来比较容易；如今，随着互联网等现代化信息手段的普及，公众的信息渠道日益丰富，了解的事情日益增加。社会的流言、噪声及一些违纪现象的出现使事业单位的公信力受到很大的挑战。因此，事业单位唯有以坦诚的态度面对公众才能提升自己的公信力。而实现考核结果的公开正是提升其公信力、保证事业单位公开招聘非常秩序的有效途径。

而另一方面，实行考核结果的公开可能带来侵犯隐私权的问题。“隐私权”是为众多法律系统所支持的一种人身基本权利。指自然人享有的私人生活安宁与私人信息秘密依法受到保护，不被他人非法侵扰、知悉、收集、利用和公开的一种人格权，而且权利主体对他人在何种程度上可以介入自己的私生活，对自己是否向他人公开隐私以及公开的范围和程度等具有决定权。隐私，作为一种与个人生活密切关联的法益或者说民事权利，日益受到人们的关注和各国的法律保护。然而，随着政府职能的不断扩张，人民的隐私在遭受来自于民事主体的侵权威胁的同时，也面临着行政机关、事业单位等权力主体的威胁和侵害。特别是在事业单位公开招聘考核结果公开的过程中，事业单位在考察、审核、公开信息时，必然涉及公民个人的秘密和隐私信息，会带来一定的弊端。

但是比较而言，考核结果的公开利大于弊，事业单位及其主管部门在公开过程中，要注意把握国家及公共利益原则、人格尊严不受侵犯原则、价值均衡原则和程序正当原则，既实现信息公开的合理化，又保证考生的知情权和隐私权不受侵犯。在实际操作中，还需注意以下四个方面的问题。

首先，考核结果应当由谁来公开的问题。笔者认为，应当由事业单位主管部门来公开。这样的规定将主管部门作为公开主体，要求其主动、及时、客观地公开考核结果的相关信息，优点在于事业单位内部增设了一层监督渠道，促使事业单位相关部门和工作人员必须依法考核和依法公开，有利于推动事业单位公开招聘的有序进行，保证考核及公开结果的客观真实性。

其次，考核结果向谁公开的问题。笔者从保护考生隐私权的角度出发，认为事业单位公开招聘的考核结果不宜向社会全体公众公开，而应在一定范围内公开，即向参与招聘的相关单位和考生们公开。

再次，考核结果怎么公开的问题。笔者从实践操作出发，认为应分为两种公开方式：事业单位主动公开和依考生申请公开。第一，事业单位主动公开。由于考核结果的特殊性，不宜通过事业单位公报、网站、新闻发布会以及报刊、广播、电视等便于公众知晓的方式公开，而是在单位内部设置查询场所，并配备相应的设施、设备，以张贴考核结果的方式公开。第二，依考生的申请公开。事业单位应当按照考生的申请要求予以提供，除可以收取检索、复制、邮寄等成本费用外，不得收取其他费用。

最后，是考核结果公开内容的问题。笔者认为，公开的内容应根据公开对象的不同分为两种。第一，向考生本人公开的内容应为该考生的所有考核结果；第二，向参与招聘的相关单位及其他考生公开的内容则为仅公开“合格”或“不合格”的两种最终考核结果，而不涉及具体考核数据。

第二节　审核部分

一、环节综述

（一）基本概念

会计学上的“审核”，指的是审查核定；而银行学上的“审核”，是指为获得审核证据，并对其进行客观的评价，以确定满足审核准则的程度所进行的系统的、独立的、形成文件的过程。《事业单位公开招聘人员暂行规定》虽未明确对“审核”进行定义，但《事业单位人事管理条例》第十四条规定：“公开招聘按照下列程序进行：……（七）按照规定备案或者报批；……”审核作为事业单位公开招聘过程中必不可少的一个重要环节，对其性质的界定，学界一直存在诸多争议。

第一种观点认为，审核是“内部行政行为”。

“内部行政行为”指行政主体在内部行政组织管理过程中所做的，只对行政组织内部产生法律效力的行政行为。我国行政诉讼法将其列为不可诉行为之一，即被处分或被处理的人不服，不能申请复议，但可依照有关法律和行政法规的规定提出申诉。

对比外部行政行为，内部行政行为具有以下四个特点：一是具有内部性。也就是说，内部行政行为往往基于隶属关系而做出，行为对象也是内部工作人员，几乎没有对公共权力的管理作用。二是主体具有公权性和单一性。内部行政行为的主体多为公权力机关，即行政机关，几乎不涉及被授权和被委托的机关、组织或团体。三是具有约束性。主体做出的行政行为是单方的，且具有决定性和约束力的行为，不需要征求行政对象的同意而做出。四是具有重大影响性。内部行政行为对行政对象具有极大的影响和作用，直接关系到其多种权利实现与否。

而事业单位作为行政机关授予部分公权力的重要组织，其公开招聘过程中的审核环节，上级主管部门审查、考核招聘单位提供的考生资料和考核结果，符合内部行政管理的特征，是一种内部行政行为。

第二种观点认为，审核是“行政审批行为”。

“行政审批”是指行政机关（包括有行政审批权的其他组织）根据自然人、法人或者其他组织提出的申请，经过依法审查，采取“批准”“同意”“年检”发放证照等方式，准予其从事特定活动、认可其资格资质、确认特定民事关系或者特定民事权利能力和行为能力的行为。① 通常包括审批、核准、批准、同意、注册、认可、登记、检验、年检等几十种。但从行政许可的性质、功能和适用条件的角度来说，大体可以划分为五类，即普通许可、特许、认可、核准、登记。

行政审批具有以下特点：一是行政审批的主体是行政机关、法律法规授权的组织、规章委托的组织，而不是其他自然人、法人和组织；二是行政审批是为实现行政管理目的服务的；三是行政审批主要是为了限制不利于公共利益的行为，防止公民和法人对权利和自由的滥用；四是行政审批是一项权力，更是一种职责和义务；五是行政审批属于事前管理；六是审批权具有时效性；七是行政审批具有一定的自由裁量权。

---

① 柯建华，王讯. 税务行政审批制度的改革［J］. 企业导报，2010（12）.

事业单位公开招聘中的审核，是上级主管部门对拟聘用人员的身份资料、招聘程序和考核结果等内容进行审查、核准的过程，并以“合格”或“不合格”“同意聘用”或“不同意”最终决定是否聘用考生，符合行政审批的部分特征，故是一种行政审批行为。

第三种观点认为，审核是“行政确认行为”。

“行政确认”是指行政机关和法定授权的组织依照法定权限和程序对有关法律事实进行甄别，通过确定、证明等方式决定管理相对人某种法律地位的行政行为。[①] 行政确认在化解矛盾纠纷、保障社会和谐稳定和保护公民合法权益等方面具有重要的现实意义，因而适用于广泛的范围。行政确认的特征有两点：第一，行政确认是要式行政行为。行政主体在做出行政确认行为时，必须以书面形式，并按照一定的技术规范要求做出。第二，行政确认是羁束的行政行为。行政主体进行行政确认时，只能严格按照法律规定和技术规范进行操作，并尊重客观性质。

事业单位公开招聘中的审核，是上级主管部门按照法定权限和程序通过确定、证明考生的身份资料和考核结果的真实性，符合行政确认的特征，所以是一种行政确认行为。

第四种观点认为，审核是“行政监督行为”。

“行政监督”是指行政主体依法定职权，对相对方遵守法律、法规、规章，执行行政命令、决定的情况进行检查、了解、监督的行政行为。行政监督的特点有以下五点：第一，行政监督的主体是享有行政监督权的国家行政机关和法律、法规授权的组织。第二，行为的对象是作为相对方的公民、法人或其他组织。第三，其内容是相对方遵

① 江国华，彭佩. 法治原则在大学治理中的适用——于艳茹诉北京大学撤销博士学位案检视[J]. 江汉大学学报（社会科学版），2018（2）.

守法律、法规、规章，执行决定、命令的情况。第四，其性质是一种依职权、单方的、相对独立的具体行政行为。第五，其目的是防止和纠正行政相对方的违法行为，保障法律、法规、规章的执行和行政目标的实现。

事业单位公开招聘中的审核，实质上是上级主管部门通过审核考生的相关考核结果，对事业单位是否依法进行公开招聘的一种检查、监督行为，故符合行政监督的特征。

综合上述四种观点，笔者认为，审核是一种兼具行政审批、行政确认和行政监督部分性质的内部行政行为，是经考核后，事业单位人事部门将符合招聘条件的拟聘人员资料呈报上级主管人事部门，上级主管部门对拟聘用人员的身份资料、招聘程序和考核结果等内容进行审查、核准的过程。

（二）实践中存在的问题

1. 审核权限不清晰

事业单位公开招聘审核工作中职能的泛化，导致各个部门对各自审核职能的边界不清晰，自由裁量权过大，部门之间的职能关联度降低，不可避免地会出现行政壁垒问题和部门争权现象。行政壁垒的出现，行政管理职能分散、重叠，部门之间争权夺利和互相扯皮、互相推诿，将导致工作资源整合不足和行政效率低下。同时，实践中还存在争议处理主体自由裁量权过大的问题，部门间争权现象屡禁不止，严重扰乱了公开招聘的正常秩序。

2. 审核内容不清晰

由于目前事业单位公开招聘工作实体性依据的规定都比较有原则，尤其是模糊性规定比较多，对于审核内容的规定更是过于笼统。审核内容缺乏针对性，分类、分层次考核的基本要求不明确，不仅违背了审核的目的和原则，达不到预期的效果，而且也使审核失去了严肃性，应当进行实质审核还是形式审核、审核范围是内涵还是外延等问题，都普遍存在于事业单位公开招聘中。

3. 审核标准及标准来源不清晰

审核作为事业单位公开招聘中一个重要的环节，审核标准却不够清晰，且国家并未对其标准来源做出明确的规定。因此，同级行政部门制定的法规、政策之间相互矛盾，在开展事业单位公开招聘审核工作时，各部门处理的依据都是本部门的法规和政策，以保障本部门工作的有效运转。缺乏统一和协调，在实际工作中，部门法规、政策间的“碰撞”现象时有发生，常常出现“同一事件不同标准”的情况，严重阻碍了公开招聘工作的有序运行。

（三）典型案例

山西省疾控中心工作人员五年吃空饷案件

在山西省疾控中心人事科，有一名叫王烨的科员，2011 年 7 月从山西省中医学院本科毕业，当年 10 月第一次到省疾控中心上班，却从 5 年前入读大学时，每月领取由财政全额拨付的基础薪、生活补贴及住房公积金等，5 年的学费亦由省疾控中心承担。该疾控中心内部员工提供的两份工资表显示，2010 年上半年，王烨每月在该单位领取的工资包括：基础薪 113 元，保留津贴 98 元，煤气补贴 4.5 元，住房公积金 153 元，其他 239 元，生活津贴 550 元，地方补贴 170 元，生活补贴 300 元，职务补贴 80 元，应发项总计 1 707.5 元；扣住房公积金 245 元，扣医疗保险 31.87 元，扣发项总计 276.87 元；实发工资为 1 430.63 元。如果按此标准，五年间，王烨的实发工资累计为 85 837.56 元，并享受基本医疗保险和住房公积金待遇。据了解，王烨的父亲是山西省忻州市静乐县现任县委书记杨存虎，在王烨入读大学并入职陕西省疾控中心时，杨存虎时任忻州代县县长。

王烨从大学起吃空饷长达 5 年之久，其入职手续是如何操作和决定的呢？2006 年时，王烨主事山西省疾控中心，山西省疾控中心的前主任栗文元、前书记高平友，都否认认识王烨，表示对王烨入职并不知情，原人事科科长贾某对此事亦闭口不提。一位工作人员则表示："一般来说，调人要上会（讨论）的。我没参加过（讨论会），但是我不敢说没上会。"

本案中，王烨入职前的审核显然未进行，或者仅在"形式"上进行了粗略的审核，使其能连续五年期间未在单位工作而依然领取正常工资。这也暴露了在现实情况中，在事业单位公招中，审核环节的缺失以及存在的自由裁量权过大等诸多问题，值得反思。

二、法学分析

（一）法律关系主体

事业单位公开招聘审核环节中，主要涉及三方法律关系主体，即事业单位人事部门、综合部门（包括组织部、党群部门等）、招聘单位及其主管部门和考生。

（二）法律关系客体

法律关系客体是"事业单位人事管理监督秩序"和"招聘过程的合规性和招聘结果的有效性"。

（三）权利义务关系

主要的法律权利义务关系分为三组。

1. 事业单位人事部门综合部门与招聘单位及其主管部门间：内部行政管理关系

虽然审核行为兼具行政审批、行政确认和行政监督部分性质和特征，但从本质上来说，是事业单位人事综合部门行使其内部行政管理职能，审查、核准招聘单位报送的考生考核结果的过程，所以是一种内部行政管理关系。

2. 事业单位人事部门综合部门与考生间：类似“司法仲裁”关系

“仲裁”是当事人根据他们之间的关系订立的仲裁协议，自愿将其争议提交由非官方身份的仲裁员组成的仲裁庭进行裁判，并受该裁判约束的一种制度。①与司法机关的审判结果类似，仲裁结果也对当事人的利益造成直接影响，也是现行有效的民事纠纷解决方式之一。事业单位的人事部门综合部门在审批环节中，与考生间并无直接的法律关系，但其决定的审核结果关系到考生作为第三人的切身利益，因此在招聘单位与考生间形成了类似“仲裁员”的角色。

3. 招聘单位及其主管部门与考生间：契约合同关系

考生在审核环节中，未签订聘用合同，尚未成为事业单位正式员工，因此二者间应依据参加事业单位公开招聘考试而形成的契约合同关系来约束彼此间的权利义务，是一种民事权利义务关系，而非内部行政管理的上下级关系。

（四）核心要点

论证审核的可诉性问题。

如前文所述，笔者认为审核是一种内部行政管理行为，但它实质上兼具行政审批行为、行政确认行为和行政监督行为的部分特征和作用。那针对审核环节存在的一些问题，考生可否提起诉讼呢？

行政诉讼的受案范围一直以来就是学界和司法机关关注的问题，也是争执最大的问题。《中华人民共和国行政诉讼法》第四十一条规定提起诉讼应当符合下列条件：

（一）对拘留、罚款、吊销许可证和执照、责令停产停业、没收财物等行政处罚不服的；

（二）对限制人身自由或者对财产的查封、扣押、冻结等行政强

---

① 张颖宏. 论公证制度与社会矛盾的化解［J］. 法制与社会，2012（27）.

制措施不服的；

（三）认为行政机关侵犯法律规定的经营自主权的；

（四）认为符合法定条件申请行政机关颁发许可证和执照，行政机关拒绝颁发或者不予答复的；

（五）申请行政机关履行保护人身权、财产权的法定职责，行政机关拒绝履行或者不予答复的；

（六）认为行政机关没有依法发给抚恤金的；

（七）认为行政机关违法要求履行义务的；

（八）认为行政机关侵犯其人身权、财产权的。

除前款规定外，人民法院受理法律、法规规定可以提起诉讼的其他行政案件。

按照行政救济的基本理论，行政主体实施的大多数公务行为均应接受法院的司法审查，无论这些行为是对行政机关工作人员做出的，还是对一般相对人做出的，只要此类行为对相对人的合法权益产生不利影响，均可以被诉讼，这既是行政诉讼目的决定的，也是法律平等保护原则在行政诉讼领域的体现。[①] 因此，事业单位审核环节作为一种特殊的“内部行政行为”是可诉的。

第一，法院介入内部行政纠纷是必要的。长久以来，我们将内部行为定位于行政机关对工作人员、事业单位对所属人员实施的行为，而法律对于行政机关与工作人员的关系、事业单位与其成员之间的关系很少明确规定，双方发生纠纷后如何救济更缺乏明确的法律条文。于是，争议发生后，当事人只能在系统内部不断申诉，始终进不了法院的大门，久而久之，形成了对此类权利的司法救济“真空”。但是不论原事业单位，或是上级主管部门还是监察部门，其救济的公平性、

---

① 张玲．论行政诉讼受案范围之重构［J］．行政与法，2005（7）．

公正性都不如诉讼救济。仅有申诉的救济，没有司法的救济，考生的权利是不能获得充分保障的。因此，把对内部行为的救济纳入行政诉讼，实行司法救济，不但给考生的合法权益提供公正有效的保障，也是民主法治的要求。如果将内部行为排除在司法审查之外，这不仅违反了“有权利必有救济”的现代法治原则，也剥夺了公民的一项基本权利即诉权。特别是近年来，发生在事业单位和考生之间的纠纷也逐年增多，如何迅速有效地解决此类争议，成为摆在我们面前的重要任务。如果允许相对人对传统上所谓的内部行为提起诉讼，开启司法救济的大门，必将填补了这一领域权利救济的真空，完善我国的行政救济制度。

第二，事业单位公开招聘中的审核具有特殊性。虽然前文将审核定义为一种“内部行政管理行为”，但其实质上兼具行政审批行为、行政确认行为和行政监督行为的部分特征和作用，是一个复杂的有机结合体。而行政审批行为、行政确认行为和行政监督行为是具体行政行为，法律明确规定可以对其提起行政诉讼，所以审核具备起诉的基本条件。

第三，能够充分发挥诉讼的最终救济功能。立法机关在授予权利的同时，就应该设置相应的救济途径和救济手段，使权利受到侵害时可以凭这些途径和手段消除侵害，获得赔偿，有权利就有救济方法。司法救济是最终的救济、最后的保障。发生审核纠纷后，当事人可能用尽行政系统内部的救济途径，都无法实现有效、迅速的救济。到法院起诉，往往是最直接、有效的方法，也是降低成本、提高效率的方式，能够更好地发挥法院以国家强制力作为坚强后盾的最终救济功能，同时也符合我国行政诉讼受案范围扩大的改革趋势。

但是，从目前法律上的相关规定来看，对事业单位公开招聘审核这一内部行政行为能否提起行政诉讼，仍是一片空白，需要未来的立法进一步落实和完善。

三、对策建议

（一）运用数目字管理，明确审核内容

事业单位公开招聘审核涉及考生的切身利益，在加快事业单位公开招聘审核工作的法制建设进程时，除了特别注意强化顶层设计的作用，也要在制度设计中注重技术性设计，借鉴其他学科的先进技术，综合运用数目字管理方法，细化制度并明确审核内容，既做到顶层设计严密、科学，又做到具体条款具有可操作性。

（二）列举正面清单，明晰权责分工

审核招聘单位的公招方案时，应明确各部门的职责分工和工作流程等，进一步加强各部门间、各岗位间和各环节间的无缝衔接，将责任落到实处，确保有序开展事业单位公开招聘审核工作，避免各单位间相互推卸责任的现象出现。

（三）明确责任主体，确保结果公正

正如《圣经》中所言的“凯撒的归凯撒，上帝的归上帝”，事业单位公开招聘中要规范审批标准来源。遇到审核权力交织和纠纷时，明确规定由制定该政策的权威部门负责审核。严格控制自由裁量幅度，强化裁量标准，避免审核不准、徇私舞弊等现象出现，提高审核的公平性、公正性和透明度，维护好公招正常秩序。

（四）严格程序要求，提高审核效率

行政效率是公共组织和行政工作人员从事公共行政管理工作所投入的各种资源与所取得的成果和效益之间的比例关系和评价行政系统的主要标准，是检查和衡量公共组织和公共行政管理活动有效性的一个重要标准。事业单位公开招聘审核工作中要严格依法审核，遵循审核程序，提高审核效率，以尽可能小的经济耗费获取最大的社会和经济效益。

四、延伸思考

问题：能否对审核进行申诉或“再审核”

公务员申诉，是指公务员对其所在机关做出的涉及本人权益的人事处理决定不服，依法向原处理机关、同级公务员主管部门或者做出该人事处理的机关的上一级机关提出重新处理的意见和要求的行为。

笔者认为，在事业单位公开招聘审核工作中，同样可以适用类似公务员的申诉制度，在考生尚未成为单位正式员工的前提下，提前赋予考生一定申诉权利，使其可以在一定的法定时间内，针对审核中存在的问题，向事业单位的上级主管部门提起申诉，相关部门对审核工作进行“再审核”。考生与事业单位相比，也与其他社会公民一样，处于弱势地位，而成本较低的申诉制度在此种条件下，就具有了非常重要的意义。

第一，它是宪法和法律赋予公民的基本权利之一，能够保障考生的合法权益不受侵害。考生个人在审核中受到不公正或不恰当处理时，可据此提出申诉，获得合法纠正和一定补偿。

第二，通过这种法定权利的设定和行使，能从制度上监督政府机关和事业单位的行为，从而促进社会的正常运转。申诉权利的依法设定和行使能够从制度上保证考生依法保护自己的权益，监督事业单位依法、客观、公正地行使公开招聘权力，从而促进社会的正常运转。从这种意义上讲，申诉也具有补救和监督的性质和意义。

第三，它能够与其他制度相互配合和互为保障，促进法治化的进程。在实际操作过程中，考生申诉制度和“再审核”制度能够与复议制度、监督制度、人事制度、工资福利保险制度、奖惩制度等相互配合，互为保障，形成制度上的合力，创造良好的法制环境和条件，共同推进法治化进程。

第三节　聘用部分

一、环节综述

（一）基本概念

随着我国社会主义市场经济体制的建立，迫切要求转换事业单位用人机制，建立更加具有生机和活力的用人制度。实行事业单位人员聘用制度，是加快推进事业单位人事制度改革、提高队伍整体素质、增强事业单位活力的重要措施，也是保护单位和职工的合法权益、规范事业单位公开招聘秩序、促进社会稳定的制度保障。

《事业单位公开招聘人员暂行规定》第二十二条至第二十六条对聘用环节做出了相关规定："第二十二条　经用人单位负责人员集体研究，按照考试和考核结果择优确定拟聘人员。第二十三条　对拟聘人员应在适当范围进行公示，公示期一般为7至15日。第二十四条　用人单位与拟聘人员签订聘用合同前，按照干部人事管理权限的规定报批或备案。第二十五条　用人单位法定代表人或者其委托人与受聘人员签订聘用合同，确立人事关系。第二十六条　事业单位公开招聘的人员按规定实行试用期制度。试用期包括在聘用合同期限内。试用期满合格的，予以正式聘用；不合格的，取消聘用。"同时，《事业单位人事管理条例》第七章（第十六条至第三十六条）及2002年国务院的第35号文件（《国务院办公厅转发人事部关于在事业单位试行人员聘用制度意见的通知》）亦对聘用环节的聘用原则、聘用程序、聘用合同的内容、签订及解除事宜做出了详细规定。

事业单位新聘用人员一年试用期将满，新聘人员是否胜任所聘岗位工作要求，能否顺利转正定级，由所在单位结合平时工作表现，对新聘人员在试用期期间履行岗位职责情况进行全面的考核后决定。考核的内容多以新聘人员所从事岗位的职责要求和所承担的工作任务为基本依据，主要包括德、能、勤、绩、廉五个方面，重点考核工作实绩。考核结果也多分为合格、不合格两个等次。试用期满，经考核不合格的，不予转正定级，按有关规定取消聘用资格。

综上所述，“聘用”是整个事业单位公开招聘过程的最后一个环节，是经审核后，是考生和单位在平等的基础上按照相关法律法规和范围规章制度的要求，签订聘用合同，明确双方权利义务的过程。

（二）实践中存在的问题

1.“霸王条款”下双方地位不平等

所谓“霸王条款”，就是一些招聘单位单方面制定的逃避法定义务、减免自身责任的不平等格式合同、通知、声明、告示或者行业惯例等，限制考生权利，违反公平、诚信等民法基本原则且损害考生利益的条款。事业单位公开招聘聘用合同中常存在诸多“霸王条款”，如在合同中约定向考生收取抵押金或抵押物、约定多次试用期、实际岗位与合同约定不一致等情况。

比如，李某与某事业单位签订试用期协议，约定试用期为半年。半年期满后，单位未提出异议。三个月后，该单位要求再次签订试用期协议，时间为半年。又一个半年期满后，该单位以试用期不合格为由解除与李某的试用关系。笔者认为，在此案例中，试用期约定应以一次为限，第二次试用期约定于法无据。当第一次试用期满后，单位未提出异议，则人事关系确立，以第二次试用不合格为由解除试用关系没有法律依据，应予撤销。

实践中，事业单位在聘用合同中规定“霸王条款”的情况屡禁不止，原因有以下两点：第一，由于我国目前的用人形势总体供大于求，招聘单位在订立合同过程中往往规定一些“模糊性条款”或“不合理条款”，由于这类条款伸缩性很大，且由用人单位来进行解释、使用和掌握，容易侵害考生的合法权益。比如有些单位在签订合同时故意将工作岗位、岗位职责、岗位要求模糊化，或者不把工作岗位写入合同，以此随意变更职工的工作岗位，使职工权益受到侵害后还难以找到维权依据；又如不合理的休假、不合理的服务期的条款等，招聘单位通过这些条款扩大个人的义务，同时又巧妙地以双方自愿订立的合同形式来逃避责任。第二，传统招聘方式中，招聘单位处于强势地位，供求关系的不平衡和信息的不对称，无形中使考生存在“心理弱势”，不敢选择拒绝签订这些“霸王条款”或通过法律途径寻求救济。

毫无疑问，聘用合同签订时大量的“霸王条款”带来了巨大破坏力，造成了招聘单位与考生在实质地位上的不平等，干扰和破坏了正常的事业单位的公开招聘秩序，极大地损害了考生的合法权益，也让法律对招聘制合同的约束形同虚设。

2. 考生单方面解约造成招聘单位损失

有关应聘者契约意识缺失、责任感不强的问题一直受到社会的关注。现代社会合同无处不在，有的合同是有形的，也有的却是无形的，在这种时候，契约精神就主要体现为社会公认的行为准则。近年来，在事业单位公开招聘“聘用”环节中，也多次出现了合同签订后，考生未提前告知而单方面解约，造成招聘单位损失的问题。

“合同的单方解除”是指合同生效后，尚未履行或尚未全部履行之前，当事人一方依法提前解除合同的法律行为。《中华人民共和国劳动法》（以下简称《劳动法》）第三十一条规定：“劳动者解除劳动合同，应当提前三十日以书面形式通知用人单位。”第三十二条规定：“有下列情形之一的，劳动者可以随时通知用人单位解除劳动合同：（一）在试用期内的；（二）用人单位以暴力、威胁或者非法限制人身自由的手段强迫劳动的；（三）用人单位未按照劳动合同约定支付劳动报酬或者提供劳动条件的。”事业单位公开招聘中签订的聘用制合同，一定程度上亦属于一种特殊的劳动合同，单方解约也应当遵守上述两条规定。《国务院办公厅转发人事部关于在事业单位试行人员聘用制度意见的通知》中则更加细致地规定：“有下列情形之一的，受聘人员可以随时单方面解除聘用合同：（一）在试用期内的；（二）考入普通高等院校的；（三）被录用或者选调到国家机关工作的；（四）依法服兵役的。除上述情形外，受聘人员提出解除聘用合同未能与聘用单位协商一致的，受聘人员应当坚持正常工作，继续履行聘用合同；6个月后再次提出解除聘用合同仍未能与聘用单位协商一致的，即可单方面解除聘用合同。”

这两条法律和通知规定赋予了考生极大的单方解约权，立法目的是提升考生的弱者地位，维护考生自主就业的权利，但在事业单位公开招聘的实践中，部分考生的行为显然有悖于立法的初衷。很多考生在找到更为理想的工作后，单方解除说走就走，不按法律的规定提前通知招聘单位并与之协商一致，更有甚者直接放弃签约，这无意间损害了招聘单位的利益。有的招聘单位为考生提供了住房、培训等诸多条件，就希望考生能为单位多做贡献，考生未告知就单方面解约，会导致招聘单位来不及交接工作和另行安排，造成经济损失，并影响正常生产经营。

目前，许多应聘者的诚信意识薄弱，产生的原因是多方面的，但究其根本，则是应聘者的契约意识缺失、责任感不强。因此，加强培养考生的契约意识、有效开展诚信教育、建立社会诚信体系是规制聘用制合同和事业单位公开招聘秩序的重要途径。

（三）典型案例

浙江宁海县乡镇招聘要求"对标亮绩"①

2014年，浙江宁海县乡镇（街道）事业单位公开招聘中，首次将3个职位纳入"对标亮绩"招聘职位，招聘5名工作人员。"对标亮绩"，通俗点说，就是面试时就要按照岗位职责说明书谈履职目标、工作思路等，试用期为半年，试岗前要先签订责任书，明确试岗工作任务，半年试用期满后，未完成目标任务、不胜任岗位的，解除聘用合同；合格的才能正式入职。这次3个"对标亮绩"招聘职位，分别是强蛟镇农技农村服务中心推出的综合管理一职、大佳何镇农技农村服务中心以及跃龙街道农技农村服务中心分别推出的文秘职位、长街镇社会事务服务中心以及桥头胡街道社会事务服务中心分别推出的计生服务职位。这意味着，要想拿到宁海这3个事业单位的"铁饭碗"，难度可不小。

宁海县事业单位公招中首次推出"对标亮绩"职位，其目的就是选出能人，希望能把能力强的人"比"出来，最终能将实际工作能力强、善于攻坚克难的考生充实到乡镇（街道）干部队伍中。半年试用期满后，由目标职位所在乡镇（街道）进行考核，最终完成目标任务、胜任岗位的，公示后予以任职，5年内不得调离乡镇（街道）工作；未完成目标任务、不胜任岗位的，解除聘用合同。

可见，事业单位公开招聘中，通过笔试面试、体检和审核等环节后，并不意味着一定能进入单位，成为正式工作人员。在试用期间，达到事业单位的要求，方能"转正"。一方面，事业单位不能据此来滥用权力，设立"霸王条款"，强加给考生不平等义务；另一方面，考生也应积极提高自身能力，在试用期期间积极工作，以正式人员的

---

① 段琼蕾. 事业单位的铁饭碗不好端了 [N]. 钱江晚报，2014-08-19 (2).

标准来严格要求自己，顺利入职。

二、法学分析

（一）法律关系主体

事业单位公开招聘聘用环节中，主要涉及两方法律关系主体：招聘单位及其主管部门和考生。

（二）法律关系客体

法律关系客体是“聘用秩序”，即指在聘用过程中，招聘单位有组织地安排考生的各项行为，以达到一个正常而稳定的状态。

（三）权利义务关系

主要的法律权利义务关系为聘用单位与考生间的聘用合同关系。即考生和单位作为两个平等主体，在自愿、平等的基础上签订的契约合同关系。

（四）核心要点

聘用合同与劳动合同是核心要素。“劳动法律关系”，即双方当事人是被一定的劳动法律规范所规定和确认的权利和义务联系在一起的，其权利和义务的实现，是由国家强制力来保障的。劳动法律关系的一方（劳动者）必须加入某一个用人单位，成为该单位的一员，并参加单位的生产劳动，遵守单位内部的劳动规则；而另一方（用人单位）则必须按照劳动者的劳动数量或质量给付其报酬，提供工作条件，并不断改进劳动者的物质文化生活。而“劳动合同”是劳动者与用工单位之间确立劳动关系、明确双方权利和义务的协议。[①] 根据这个协议，劳动者加入企业、个体经济组织、事业组织、国家机关、社会团体等用人单位，成为该单位的一员，承担一定的工种、岗位或职

① 丁松林. 顶岗实习期间意外伤害的救济风险防控［J］. 人力资源管理，2014（8）.

务工作，并遵守所在单位的内部劳动规则和其他规章制度；用人单位应及时安排被录用的劳动者工作，按照劳动者提供劳动的数量和质量支付劳动报酬，并且根据劳动法律、法规规定和劳动合同的约定提供必要的劳动条件，保证劳动者享有劳动保护及社会保险、福利等权利和待遇。

“聘用制”则是以合同的形式确定事业单位与职工基本人事关系的一种用人制度，即事业单位工作人员在本单位的身份属性通过与单位签订聘用合同确定。事业单位传统的用人制度是职工一旦被调入或分配到其单位，就终身成为该单位的职工。聘用制就是要将传统的用人制度改革成为合同契约式的用人制度，相对委任制而言，是事业单位内部具体工作岗位的管理制度，受聘人拟任工作岗位或职务一般通过竞争取得，确定的形式可以签订聘任合同，也可以签订聘约，或颁发聘书，也可以签订目标责任书。[①] 在事业单位人事制度改革中，对应聘者既要通过聘用制确定基本人事关系，又要通过聘任明确具体岗位职务。

《劳动法》第二条规定：“在中华人民共和国境内的企业、个体经济组织（以下统称用人单位）和与之形成劳动关系的劳动者，适用本法。国家机关、事业组织、社会团体和与之建立劳动合同关系的劳动者，依照本法执行。”而《中华人民共和国劳动合同法》第九十六条规定：“事业单位与实行聘用制的工作人员订立、履行、变更、解除或者终止劳动合同，法律、行政法规或者国务院另有规定的，依照其规定；未作规定的，依照本法有关规定执行。”2002 年，国务院的第 35 号文件（《国务院办公厅转发人事部关于在事业单位试行人员聘用制度意见的通知》）中对事业单位公开招聘聘用环节的聘用原则、聘用程序、聘用合同的内容、签订及解除事宜做出了详细规定。

---

① 胡远哲. 浅谈现代管理中的企业员工培养［J］. 中国集体经济，2012（19）.

根据上述法律规定，笔者认为事业单位公开招聘中建立的是聘用合同关系，而非劳动合同关系。聘用合同仅属于特殊意义上的广义的劳动合同，是劳动合同调整事业单位公开招聘领域的表现。聘用制合同和劳动合同本身也存在诸多不同点。

一是法律关系不同。聘用合同属公法，是政府公权力组织对其工作人员的内部规范和管理；而劳动合同属私法，是企业与一般劳动者间的关系。二是主体权利不同。聘用合同相对于劳动合同而言，其主体权利往往受到政府的限制，不是完全完整和自由的。三是权利义务关系不同。聘用合同往往具有公益性，不是完全对等的主体，而劳动合同则是平等主体间签订的民事合同。

三、对策建议

（一）明确规定权限，梳理正面清单和负面清单

为杜绝“霸王条款”的屡禁不止和部门争权现象的频频出现，国家需从立法层次，尽快出台详细、具体的聘用制合同相关法律法规，通过列举正面清单和负面清单，以法律法规的权威明确“有权机关”和“无权机关”，避免聘用过程中的争权混乱现象出现，保证事业单位公开招聘有序进行。

（二）避免单方毁约，建立考生诚信记录和评价体系

“人无信不立、市无信不兴、国无信不强”，诚信已经成为我们为人处事的基本准则，成为现代市场经济发展的重要保障，成为社会文明的必要条件。我国正步入信用经济时代，诚信是对公民的基本道德要求，为维护事业单位公开招聘的秩序，规范聘用制合同的签订，尽量避免单方毁约的情况出现，需要建立考生诚信记录和评价体系。

对比《劳动法》中对劳动者一方违约的相关规定：“用人单位与劳动者订立劳动合同时，应在合同中明确违约责任，除了约定一方当事人给另一方造成经济损失要给予赔偿外，还要约定违约金，使其对

劳动者违反劳动合同有约束作用。”同时充分利用《劳动法》第99条的规定：“对于用人单位招用尚未解除劳动合同的劳动者，对原用人单位造成经济损失的，该用人单位应当依法承担连带责任。”

要建立违纪违规信息库，将公招过程中的违法犯罪和违纪违规行为如实、详细地记录，并且将此类信息纳入社会诚信体系，进行公示，使违法乱纪人员在银行信贷、政府采购、退税优惠等多方面首先被限制和约束，通过惩处方式提高违法成本，增强诚信意识。

（三）加强宣传引导，增强考生法治意识和履约意识

首先，各聘用单位的工会组织应和劳动行政部门配合，加强对应聘者的法律宣传，让应聘者学会运用法律武器保护自己，同时防止违法行为的发生；其次，考生自身需增强法律意识和维权意识，当招聘单位在聘用过程中侵害了个人的合法权益时，考生要学会通过法律途径来维护自身权益，如提起人事争议仲裁、民事诉讼等。

四、延伸思考

问题：如何建立事业单位公开招聘的“三方协议”机制

“三方协议”是《全国普通高等学校毕业生就业协议书》的简称，不同于劳动合同，它是教育部统一印制的，是明确毕业生、用人单位、学校三方在毕业生就业工作中的权利和义务的书面表现形式，能解决应届毕业生户籍、档案、保险、公积金等一系列相关问题。协议在毕业生到单位报到、用人单位正式接收后自行终止。三方协议是学校统计就业率、派遣毕业生的依据，是毕业生办理个人档案和户口的依据，是用人单位申报进人指标的依据，是毕业生与用人单位间确定劳动关系的依据，明确了毕业生、学校和用人单位之间的权利义务关系，是追究违约方违约责任的依据，对我国社会经济发展具有重大的作用。[1]

---

① 王绪权，徐苗．解读就业三方协议［J］．中国大学生就业，2012（17）．

“三方协议”不同于一般劳动合同和聘用合同之处在于：第一，它是三方合同，涉及学校、用人单位、学生等三方面，三方相互关联但彼此独立；第二，三方协议的有效期仅仅为签约之日至报到之日。

而在事业单位公开招聘中建立“三方协议”机制，在考生、招聘单位和组织人事部门间建立的聘用合同的补充性文件，具有可行性和必要性。首先，建立三方协议机制，有利于保护三方参与主体的合法利益，是追究违约方违约责任的法律依据，也是实现权利救济的渠道之一；其次，签订“三方协议”合同作为最终签订聘用合同的预备合同行为，有利于保证招聘的真实有效性，维护正常的事业单位公开招聘秩序。

要保证事业单位公开招聘中“三方协议”真正发挥其重要作用，“保证金”作为一项重要的制度保障，必不可少。“保证金”在我国民法中，是指“买方或卖方按照交易市场规定标准交纳的资金，专门用于订单的结算和履行约定的保证”。在法律对于保证金缺乏明确规范的背景下，探讨保证金的类型，对于备用金类型的保证金、预付款类型的保证金、租赁保证金、装修保证金、定金类型的保证金、保有返还请求权的保证金、无双倍返还效力的保证金分别界定，确定其各自的法律效力，十分必要。而在事业单位公开招聘中，考生应在经过笔试、面试和考察审核合格后，事业单位、主管部门与考生之间签订“三方协议”；同时，建议在协议中规定考生向事业单位缴纳一定的保证金，以确保三方协议在聘用阶段的重要效力。但国家需明确以法律形式规定保证金的最高额度，以避免出现部分单位借由收取保证金而谋取私利和“乱收费”现象的发生，因此保证金数额不宜过高。同时，在与考生签订聘用合同后，事业单位需全额、及时退还收取的考生保证金。

第九章　救济

救济走在权利之前，无救济即无权利。

——英美法谚

第一节　环节综述

一、基本概念

作为一项全新的选人用人制度，“事业单位公开招聘制度”如同其他新生事物，在法律规制、组织程序、招聘方式、外在监督等方面仍然存在一些空白和模糊的地带，导致在实际工作中出现了因人设岗、“萝卜招聘”、资格审查争议、体检标准等诸多问题。法谚云：“权利的救济重于权利的宣告，权利的实现重于权利的设定。”当前事业单位公招制度最大的问题不是杜绝违规乱纪确保公正，也不是如何优化组织实现科学选人，而是在出现问题和争议时，如何合理、高效地处理争议、化解矛盾，实现当事人的救济权。

救济是指公民、法人或者其他组织认为自己的人身权、财产权因行政机关的行政行为或者其他单位和个人的行为而受到侵害，依照法律规定向有权受理的国家机关报告并要求解决，予以补救，有关国家机关受理并做出具有法律效力的活动。[①]

作为事业单位公开招聘最后的补救程序，“救济”是双方主体维护自身合法权益的重要途径和有力保障，对恢复权利、补救利益起到了巨大的作用。

第一，有利于厘清事业单位公招中各当事方的法律关系及其权利和义务。解决问题的关键是发现问题的本质，要依法行政、依法维权，并引入司法监督和救济的第三方力量，必须先分析清楚事业单位公招中各当事方的法律关系及其权利和义务。

第二，有利于约束权力的利维坦，促进公正就业，进而保障人权。权利遭到侵害时，救济就是权利实现的唯一保障。现代宪政理念普遍认为司法是法律保障的最后屏障，司法监督与救济的范围和程度可作为衡量国家保障人权的标志。在公招中，考生作为相对弱势方，在不改变现行政治体制的前提下，通过已有的行政和司法程序合理地约束行政，无疑是一种值得探讨的尝试。

第三，有利于构建一种事业单位公招的争议长效处理机制。没有合理的救济渠道，争议的处理会显得随意。司法救济对原被告都有具有正义的可期待性、平等参与性和权利的对等性。司法如能介入事业单位公招争议，将形成一种理性、长效、常态化的争议处理机制。

“事业单位公开招聘救济制度”，是事业单位公开招聘制度的一个子系统，换言之，事业单位公开招聘救济工作在某种意义上也是一个小型的制度体系。本书将其定义为：处理事业单位公开招聘过程中产生的问题和争议的各种途径与方式，以及各当事方在事业单位公开招

---

① 董辰. 论法律文本中的法律救济条款设置 [J]. 人民论坛, 2012 (20).

聘救济过程中的地位和相互关系所构成的有机整体。在我国，目前事业单位公开招聘争议问题的法律救济方式主要有五种：信访回复、行政复议、诉讼（包括行政诉讼、民事诉讼和刑事诉讼）、国家赔偿、仲裁。

（一）信访回复

信访回复指考生采用书信、电子邮件、传真、电话、走访等形式，向招聘单位或其主管部门，以及同级组织人社部门反映争议，提出建议、意见或者投诉请求，依法由有关行政机关处理的活动。信访是我国特有的政治表达形式，有着悠久的历史。按照我国现行《信访条例》（国务院令第431号）的规定，相关部门对考生就争议问题提出的信访事项必须调查核实，并依规做出处理决定后，书面答复信访人。①

同时，《信访条例》中明确规定了信访事项的受理制度和办理制度。其中，受理制度主要规定了“受理信访必须登记，信访登记要做到信访人的基本情况清楚；信访活动的基本过程清楚；信访反映的问题清楚；信访问题的分类清楚”四个清楚。应当告知上访人寻求救济的渠道，告知上访人的权利与义务。上访信访工作机构对信访事项可以直接转送有权处理的行政机关，避免层层下转。办理制度则主要规定了办理信访事项人员的行为规范、调查核实制度、回避制度、听证制度、办理时限要求，以及信访督办制度。对于通过信访方式寻求解决事业单位公开招聘救济的考生而言，《信访条例》明确、细致地对处理事项做出了规定，信访已在实践中被证明为符合当前国情，是行之有效的事业单位公开招聘救济机制中的重要组成部分。

① 《信访条例》第三十二条规定：“对信访事项有权处理的行政机关经调查核实，应当依照有关法律、法规、规章及其他有关规定，分别作出以下处理，并书面答复信访人。”

（二）行政复议

行政复议是指公民、法人或者其他组织不服行政主体做出的具体行政行为，认为行政主体的具体行政行为侵犯了其合法权益，依法向法定的行政复议机关提出复议申请，行政复议机关依法对该具体行政行为进行合法性、适当性审查，并作出行政复议决定的行政行为。这是公民、法人或其他组织通过行政救济途径解决行政争议的一种方法。事业单位公开招聘过程中，考生认为招聘单位的某些具体行政行为侵犯了自己的合法权益，即可向上级主管部门或其他的法定行政复议机关提起复议申请。

（三）诉讼（包括民事诉讼、刑事诉讼和行政诉讼）

诉讼，指纠纷当事人通过向具有管辖权的法院起诉另一方当事人以解决纠纷的过程，是一种法律行为。① 根据诉讼的内容和形式不同，可以分为民事诉讼、刑事诉讼和行政诉讼三类。

民事诉讼，是指人民法院在当事人和全体诉讼参与人的参加下，依法审理和解决民事纠纷的活动以及由这些活动所发生的诉讼关系。具体而言，包括有关财产的纠纷（如土地或不动产的归属，借款的归还等）或身份关系的纠纷，其诉讼程序需要参照民事诉讼法及各类民事诉讼规则进行。例如，在事业单位公开招聘聘用环节中，考生与招聘单位签订了聘用合同但一方却无故单方解约，另一方即可依据聘用合同相关法律规定到人民法院提起民事诉讼。

刑事诉讼是指审判机关、检察机关和侦查机关在当事人以及诉讼参与人的参加下，依照法定程序解决被追诉者刑事责任问题的诉讼活动。例如，事业单位公开招聘笔试环节的考题泄密事件发生后，即可依据刑法“故意或过失泄露国家秘密罪”相关条文向人民法院提起刑

---

① 李宝记，李永源. 治安调解的法律技巧 [J]. 武汉公安干部学院学报，2014，12 (2).

事诉讼，以实现救济。

行政诉讼是个人、法人或其他组织认为国家机关做出的行政行为侵犯其合法权益而向法院提起的诉讼。如在事业单位公开招聘过程中，招聘单位做出的某些具体行政行为侵犯了考生的合法权益，考生即可向人民法院提起行政诉讼。

（四）国家赔偿

国家赔偿，又称国家侵权损害赔偿，是独立于民事赔偿的自成体系的法律制度，主要包括：行政赔偿和刑事赔偿两种。《中华人民共和国国家赔偿法》（以下简称《国家赔偿法》）第二条规定："国家机关和国家机关工作人员行使职权，有本法规定的侵犯公民、法人和其他组织合法权益的情形，造成损害的，受害人有依照本法取得国家赔偿的权利。本法规定的赔偿义务机关，应当依照本法及时履行赔偿义务。"考生认为招聘单位及其主管部门在事业单位公开招聘过程中行使职权的行为侵犯了自己的合法权益，并造成损害，即可依据法律规定申请国家赔偿。

（五）仲裁

仲裁一般是当事人根据他们之间订立的仲裁协议，自愿将其争议提交给由非司法机构的仲裁员组成的仲裁庭进行裁判，并受该裁判约束的一种制度。实践中，仲裁通常作为审判系统的替代方式，关乎当事人的实体权益，是解决民事争议的方式之一。[①] 如在事业单位公开招聘过程中，招聘单位与考生可协商将争议问题提交仲裁庭处理。

二、实践中存在的问题

人力资源社会保障部《关于事业单位公开招聘岗位条件设置有关

---

① 仝玺，李津. 消费类电子商务纠纷解决途径的探讨［J］. 中小企业管理与科技（上旬刊），2012（3）：87-89.

问题的通知》（人社部规〔2017〕17号）规定："从事事业单位公开招聘的工作人员要强化政治意识、责任意识，严格遵守各项工作纪律，维护公开招聘制度的严肃性。对违纪违规、失职渎职的责任人员要依法、依规予以问责追责、严肃处理。"但事业单位公开招聘救济制度是一个涉及面很广的工作，目前尚无成熟的具体运作机制，在许多方面均存在问题。

（一）救济依据模糊，缺乏可操作性的配套政策体系

事业单位公开招聘作为一个新生制度，其救济制度构建的法律依据问题一直"先天不足"。目前我国没有一套完整的人事管理法律法规，招人、考核、奖惩、处分都缺乏相应的依据。具体来说：一是效力层次低。目前整个事业单位公开招聘仅有一个原人事部颁发的《事业单位公开招聘人员暂行规定》，且停留在"规范性文件"层次。二是政策空白多。前述规定对事业单位公开招聘救济工作事宜只字未提，也没有任何可供具体操作的配套政策，仅为原则性规定。三是规定有矛盾。各种规范性文件之间前后矛盾的现象时常发生，极易产生争议。由于事业单位公开招聘涉及的事项均比较专业，在寻求救济时法律依据模糊，导致工作非常被动。以最常见的体检争议为例，如招聘单位或其主管部门规定的体检项目和标准的科学性、确定性、操作性有所欠缺，该项目和标准对该岗位不适用，由谁且如何来判断"不适用"均无相应的法律依据，在实际处理时难度较大。

（二）救济程序随意，救济主体自由裁量权过大

现有的处置程序随意，具体表现在三个方面：一是国家和地方几乎都没有制定内容具体、操作性强的救济制度。二是救济的方法和措施有时还比较单一，习惯于宣讲政策，而不是法律推导。三是实践中很少对工作不力的干部进行责任追究，在一定程度上影响了督办工作的成效。同时，目前事业单位公开招聘救济的相关规定都较有原则，

救济主体往往具有过大的自由裁量权，容易造成救济主体随意做出处理决定，损害事业单位公开招聘本身的严肃性和公正性。同时，自由裁量权过大导致内部说情风盛行，让救济主体倍感困扰。此外，不加限制的自由裁量权最大的危害是玩忽职守、滥用职权、以权谋私、敲诈勒索、收受贿赂等执法腐败的问题。

（三）部门衔接不畅，救济工作效率低下

在事业单位公开招聘救济工作中，由于行政流程的不健全，部门衔接的不畅通，造成救济工作效率低下。具体体现在：第一，相关救济工作部门的职能分界不清晰，部门间“扯皮”现象时常发生，造成行政资源的浪费。第二，各部门均以本部门政策、法规为救济依据，因此相互矛盾的“碰撞”现象时有发生。第三，现有救济决策的民主化程度不高，决策失误责任模糊，监督体系庞杂，导致救济工作缺乏外在压力，处理效率低下。

（四）缺乏局外裁判，当事人信服度不高

在实践中，公招工作具体经办人员和考生，误解或选择性理解相关法律法规或政策规定，导致对同一件事产生不同理解和争议。而救济部门既是政策的制定者，又是政策的裁判员，这样一方面使考生产生“官官相护、告状无门”的感觉，另一方面又会挫伤招聘单位的用人积极性，从而严重降低各方当事人的信服程度。

（五）具体救济渠道中存在的问题

首先，行政复议中复议机构不独立。我国目前的行政复议机构，多为政府内设部门——法制办，与政府部门间存在千丝万缕的关系。因此，当政府作为被申请人时，复议机构其实非常难以处理。同时，行政复议工作人员素质参差不齐，对法律知识没吃透、理解不深、法言法语运用不当等错误。另外，我国行政复议主要采取书面审理的方式，仅对抽象行政行为做有限监督，因此公信力不高。

其次，行政赔偿中赔偿标准及数额较低。《国家赔偿法》一直秉持的原则是“生存权保障原则”（“补满填平”原则），即并非损害多少赔偿多少，不是完全对等的赔偿，而是保障基本生存需要的赔偿。这对受害者来说是非常不公平的，这只是保证“生存”，而非“生活”。

三、典型案例

案例一：广东首例户籍就业歧视案件

2014年5月22日下午，“广东户籍就业歧视第一案”在越秀区法院进行调解，被告广州市越秀区珠光街道办事处当场支付原告杨先生1万元赔偿金。2013年10月，杨先生在越秀区信息网上看到珠光街残疾人联合会正公开招聘“残疾人专职委员”的岗位，杨先生报名后，却因招聘要求“申请人须具备越秀区户籍”而被拒绝。杨先生认为，街道办以招聘对象限定为越秀区户籍残障人士为由，拒绝他报名的行为，侵害了他的平等劳动就业权。“户籍不应成为剥夺外地户籍人士报考和竞争权利的理由，户籍与能否胜任该岗位并没有必然的联系。”杨先生认为，街道办的行为同时也违反了我国《中华人民共和国就业促进法》（以下简称《就业促进法》）第三条、第二十六条和教育部《关于加强高校毕业生就业信息服务工作的通知》第五项的相关规定，已涉嫌就业户籍歧视。杨先生于2013年的11月，把街道办告上了越秀区法院，请求法院确认被告街道办侵犯了原告的平等就业权，并要求珠光街道办事处取消户籍就业限制，赔偿其精神损害抚慰金3万元和维权费用5 000元，以及公开赔礼道歉。

庭审时，杨先生提出“请求法院确认被告侵犯了原告的平等就业权”的诉讼请求，成了庭审焦点。双方就平等就业权与用工自主权等问题开展了激烈的争辩。街道办认为，其行为是符合《广州市越秀区社区残疾人协会专职委员管理办法》（以下简称《办法》）发布的《珠光街道残疾人联合会公开招聘工作人员公告》的规定，是合法有效的。而杨先生的代理律师则认为，该《办法》相关规定违反了《就业促进法》和国务院办公厅的《关于做好 2013 年全国普通高等学校毕业生就业工作的通知》，是无效的。街道办认为，平等是指对于符合要求、符合特殊职位条件的人，应给与他们平等的机会，而不是不论条件如何都同等对待。

案例二：女硕士公考成绩第一遭拒录案件①

一女硕士笔试、面试成绩均排名第一，但是最终却因为专业不符，被江苏省徐州市人社局“拒录”。2017 年 6 月，徐州女硕士纪元的经历经媒体报道后引发争议。2018 年 2 月 26 日，徐州市政府新闻办公室通过官方微博发布《关于纪元同志被取消拟聘资格一事调查处理的通报》，通报中称，根据责任认定，责该市城乡建设局、市人社局向市委、市政府做出深刻书面检查；对负有责任的 7 名工作人员给予相应处理；责市城乡建设局、市人社局向纪元同志赔礼道歉。

据媒体报道，毕业于江苏师范大学的纪元于 2016 年 3 月参加事业单位公开招聘，报考了徐州市城建局下属的市房屋征收办公室一岗位。随后，纪元的笔试和面试成绩均排名第一。但在徐州市人社局公布拟招录人员名单发布前，纪元被告知，因为她的专业是“比较文学与世界文学”，而不是招考要求中的“中国语言文学”，所招聘专业和其专业要求不符，因此决定不予录取。对此纪元认为，“比较文学与世界文学”为“中国语言文学”下属的二级学科，而招考所设置的专业要求中，“中国语言文学”赫然在列。此外，江苏师范大学也出具

---

① 徐州通报“考上公务员遭拒录”事件 7 责任人被处理［EB/OL］.（2018-02-27）［2018-06-30］. http://jsgwyw.org/2018/0227/53165.html.

了证明，但当地有关单位仍未采用。因为不服徐州市人社局的取消录取决定，纪元于2016年8月向徐州铁路运输法院提起行政诉讼，将徐州市人社局告上法庭。

2018年2月23日下午，一审法院徐州市铁路运输法院对此案做出公开宣判。法庭在审理时认为，关于专业设置，应参考本次招聘岗位的《招录专业参考目录》，该目录中明确提到，“中国语言文学”为“中文文秘类”下的具体专业，而非专业类别。法庭认为，“中文文秘类”包括了中国语言文学、比较文学与世界文学等在内的24个具体专业，因此在本次招聘中，中国语言文学和比较文学与世界文学属于平行关系。比较文学与世界文学专业，并不在本次招聘所设置的专业要求中。纪元主张其所学的“比较文学与世界文学”属于中国语言文学下的二级学科，继而认为自己符合招聘条件，是混淆了我国高等教育学科分类与人社部门人才招聘岗位专业要求之间的关系。但涉案岗位招聘设置的报考条件中，所列明的是“专业要求”，而非学科要求。因此，法庭认为，徐州市人社局取消原告聘用资格的行为，在实体上并无不当。不过，徐州市人社局口头告知取消纪元聘用资格的行为系程序违法，徐州市人社局在通知纪元时，应该告知她的陈述、申辩权利。法庭做出一审判决，确认被告徐州市人力资源和社会保障局在2016上半年徐州市事业单位招聘中取消原告纪元聘用资格行为违法；驳回原告纪元的其他诉讼请求。

2018年2月26日，“徐州发布”官方微博和“徐州发布”公众号同时发布通报，认定招聘单位市城市房屋征收办公室（以下简称市房屋征收办）及其主管部门市城乡建设局在资格初审和复审阶段把关不严，对纪元同志所学专业未能严格履行资格审核职责，导致纪元同志在专业不符合《江苏省事业单位公开招聘人员办法》和《2016上半年徐州市市区属事业单位公开招聘工作人员公告》要求的情况下参加了笔试和面试；市人力资源和社会保障局（以下简称市人社局）指导、监督和查纠不及时、不到位，履行纠错职责滞后，未履行告知义务。上述部门（单位）及相关工作人员存在工作失职行为。同时，及时对相关责任部门和责任人员做出严肃处理：①责令市城乡建设局、市人社局向市委、市政府作出深刻书面检查。②对负有责任的 7 名工作人员分别给予诫勉谈话、记过、免去职务等相应处分。③责市城乡建设局、市人社局向纪元同志赔礼道歉。

案例二确认了徐州市人社局程序违法，但案例一最终以调解结案。不难看出，虽然全国各地事业单位公开招聘过程中，可能考生利益被侵害的案件发生了多起，但真正通过诉讼途径解决问题、实现权利救济的情况少之又少，考生的合法利益仍面临巨大威胁，因此，构建全面、系统的救济体系，刻不容缓。

第二节　法学分析

一、法律关系主体

事业单位公开招聘救济环节中，主要涉及六方法律关系主体：组织人事部门及招聘单位、上级主管部门、信访部门、司法机关（法院为主）、仲裁机关和应聘者（考生）。

二、法律关系客体

法律关系客体是“招聘过程的合规性和有效性”，即当事方是否依据相关法律、法规、政策参与事业单位公开招聘及其是否具有法律效力。

三、权利义务关系

主要的法律权利义务关系分为四组：第一，当应聘者（考生）选择提起行政复议时，该考生与上级主管部门之间形成“行政复议关系”；第二，当应聘者（考生）选择以上访、信访的方式来维护自己的合法权益时，他与组织人事部门及招聘单位、信访部门之间形成“信访关系”；第三，当考生向人民法院提起诉讼时，他与组织人事部门及招聘单位、司法机关之间形成“民事诉讼关系”“刑事诉讼关系”或“行政诉讼关系”；第四，当考生以仲裁裁决来实现救济时，他与组织人事部门及招聘单位、仲裁机构之间形成“行政仲裁关系”。

四、核心要点

（一）行政复议可否作为事业单位公开招聘的救济渠道

行政复议是解决行政争议的重要法律制度，它在化解社会矛盾纠纷、减少违法犯罪行为、保护公民合法权益、保障社会稳定和谐等方面具有非常重要的现实作用。“事业单位公招行政复议”是指考生认为招聘单位的主管部门或组织人社部门侵犯其报考权和公平竞争权，向上一级机关申请复议，由复议机关对原招聘单位的行为是否合法与适当进行审查的过程。而“事业单位公招行政复议的受案范围”是指考生对招聘单位的主管部门或组织人社部门及其工作人员的行政行为不服，依法申请复议，上级主管部门或其他复议机关依照行政复议法律规范的规定，可以受理的行政争议案件的范围。《中华人民共和国行政复议法》（以下简称《行政复议法》）第六条、第八条通过运用正面清单和负面清单的形式，明确列举了行政复议的受案范围。

第六条规定，有下列情形之一的，公民、法人或者其他组织可以依照本法申请行政复议：①对行政机关做出的警告、罚款、没收违法所得、没收非法财物、责令停产停业、暂扣或者吊销许可证、暂扣或者吊销执照、行政拘留等行政处罚决定不服的；②对行政机关做出的限制人身自由或者查封、扣押、冻结财产等行政强制措施决定不服的；③对行政机关做出的有关许可证、执照、资质证、资格证等证书变更、中止、撤销的决定不服的；④对行政机关做出的关于确认土地、矿藏、水流、森林、山岭、草原、荒地、滩涂、海域等自然资源的所有权或者使用权的决定不服的；⑤认为行政机关侵犯合法的经营自主权的；⑥认为行政机关变更或者废止农业承包合同，侵犯其合法权益的；⑦认为行政机关违法集资、征收财物、摊派费用或者违法要求履行其他义务的；⑧认为符合法定条件，申请行政机关颁发许可证、执照、资质证、资格证等证书，或者申请行政机关审批、登记有关事项，行政机关没有依法办理的；⑨申请行政机关履行保护人身权利、财产权利、受教育权利的法定职责，行政机关没有依法履行的；⑩申请行政机关依法发放抚恤金、社会保险金或者最低生活保障费，行政机关没有依法发放的；⑪认为行政机关的其他具体行政行为侵犯其合法权益的。

第八条规定，不服行政机关做出的行政处分或者其他人事处理决定的，依照有关法律、行政法规的规定提出申诉。不服行政机关对民事纠纷做出的调解或者其他处理，依法申请仲裁或者向人民法院提起诉讼。

行政复议是行政机关内部监督和纠错机制。虽然《行政复议法》第八条将人事处理决定排除在申请行政复议的范围外，但基于公法“法不授权即禁止”的逻辑，既然目前无任何法律法规将招聘单位的主管部门或组织人社部门对考生的争议事项处理决定纳入人事处理决定的范畴，那么考生认为招聘单位的主管部门或组织人社部门侵犯其报考权和公平竞争权时，显然符合《行政复议法》第六条第九款和第十一款规定的行政复议范围。虽然目前对于考生与招聘单位或其主管部门，以及组织人社部门之间所形成的关系的法律性质，以及产生争议时，招聘单位的主管部门或组织人社部门对考生做出的处理决定是否属于具体行政行为尚无定论，在实践中也几乎没有通过行政复议途径处理争议的案例。但正如前述分析，既然行政复议并没有对事业单位公开招聘争议关上大门，那么《行政复议法》显然可以作为处理事业单位公开招聘争议的程序性规范文件。

（二）事业单位公开招聘仲裁体系的建立

仲裁是当今国际上公认并广泛采用的解决争议的重要方式之一，是指纠纷当事人在自愿基础上达成协议，将纠纷提交非司法机构的第三者审理，由第三者做出对争议各方均有约束力的裁决的一种解决纠纷的制度和方式。仲裁在性质上是兼具契约性、自治性、民间性和准司法性的一种争议解决方式。在我国行政和司法的实践中，无论是商事仲裁，还是民事仲裁，仲裁以公开、公平、公正的姿态，居中评断是非并做出裁决，对双方当事人产生拘束力和强制力。

在现行事业单位人事管理工作中，事业单位人事争议仲裁制度已成为作为处理人事纷争的基本业态，在维护单位和职工合法权益，促进人才合理流动，推动人事管理工作步入法制化轨道，保持社会稳定等方面，展现了独特优势，发挥了积极作用。因此，事业单位公开招聘救济途径可以参照事业单位人事争议仲裁制度，建立事业单位公开招聘争议仲裁体系。

第三节　对策建议

一、增设救济渠道，完善救济配套法律法规

第一，启动行政复议。要扩大行政复议受案范围，除法律另有规定外，行政机关影响公民权利的行为应该都纳入行政复议的范围，即将事业单位公开招聘过程中产生的问题和争议处理纳入行政复议的范围中。同时，要提高对行政复议工作的认识，建立健全行政复议机构和队伍。最后，各地方、各部门要注重畅通行政复议渠道，强化行政复议权利告知制度、简化申请手续、探索建立与信访联系机制、加大对无正当理由不予受理行为的监督力度等多种措施，尽可能将事业单位公开招聘中的争议、问题依法纳入行政复议法定渠道加以解决。

第二，调整信访制度。完善信访机构职能配置，建立人大统一领导下的信访调处机制，在各级人大设立统一的信访受理机构，改变目前立法、司法、党政系统分别设置信访专门机构的做法，整合各方力量，统一处理信访纠纷，明确、细化信访流程和规范，妥善处理信访纠纷，加强民主监督。从工作重点出发，成立信访工作委员会，由它来直接处理信访事项，实现“诉访分离”。

第三，启动司法诉讼。现代法治理念普遍认为司法程序是人权法律保护的最后屏障，而相应考生的诉讼是支起这个屏障的“龙骨”。事业单位公开招聘救济权作为公权力的一种，涉及考生人身及财产两项基本权利，涉及考生的人权保护问题，司法对人事考试的介入是一个必然的结果。① 因此，当考生的基本权利受到侵害时，完全可以借

---

① 程雁雷. 论司法审查丢大学自治的有限介入［J］. 行政法学研究，2000（2）：33-36.

助司法手段维护自身合法权益。司法救济作为最公正、最有效的救济途径，诉讼的介入可以从根本上保障考生救济权的实现。

但启动司法诉讼，须注意以下三点：一是理顺裁审衔接机制。必须适度理顺裁审关系，实现法律意义上的裁审衔接。要统一裁审中适用的法度，法院不能无原则地适用法律规范处理事业单位公开招聘中产生的问题，而应将包括人事政策在内的各种党政机关政策也纳入案件处理的依据范畴。明确法院作为最后救济角色的功能定位，考生对判决结果不服产生上访信访的，相关部门仍只能以法院的判决结果为准，不能另立标准、轻易改变判决结果，同时推动最高人民法院对法律法规和政策的适用问题做出司法解释。二是把握司法审查要点。在关注程序性审查的同时，明确实体问题审查的范围，这既是对长期以来我国法治建设“重实体、轻程序”理念的纠偏，也是司法诉讼的基本要求。同时注意审查争议处理结论的合理性，其核心是要将争议处理结论对相对人利益的损害控制在最小范围，合乎法律的立法宗旨。三是选用合适诉讼工具。考生与招聘单位及相关部门间形成争议的法律性质并不是平等主体之间建立的法律关系。招聘单位及相关部门做出的处理决定很大程度上能改变考生的人身权利，并非是一般基于平等自愿形成的民事关系。因此，考生在选用诉讼工具和法院在确定立案依据时，一定要准确、慎重。

第四，强化判决执行。法院要积极适应、探索事业单位公开招聘判决执行的工作方法；针对事业单位公开招聘判决的执行，有必要设计独特的执行制度；通过立法规定行政机关履行法院事业单位公开招聘判决的法定义务，敦促行政机关自觉履行法院判决；建立拒不执行法院司法判决的惩戒机制，将司法判决的执行情况纳入考核体系。

第五，建立仲裁体系。建立事业单位公开招聘争议仲裁体系需要注意四个特点：一是专业性。要充分考虑争议处理专业背景要求高的特点，注意从相关部门抽取领导和专家，平衡组成比例。二是便利性。设置事业单位公开招聘争议仲裁的程序各个环节，都应充分考虑方便考生的因素，发挥仲裁流程成本低、周期短、可操作性强的优势。三是规范性。对仲裁受理的范围、仲裁机构的设立、仲裁审理的步骤，甚至包括裁决书的格式等都应有非常明确、严格的设定。四是灵活性。应在较大范围内体现双方当事人的共同意愿，最大程度上谋求双方当事人达成共识。

第六，完善行政赔偿法律制度。国家要加大救济力度与救济资源投入，立足于“人权保障”和“社会公平负担平等”的基础理论，突出“公平赔偿”而非“国家补偿”。由国家制定统一的全国最低赔偿标准，各地区可以根据本地区的实际情况予以适当提高，加大对事业单位公开招聘过程中违规损害当事人利益行为的救济与赔偿力度，同时，将当事人遭受的精神损害也纳入国家赔偿范围。

二、整合工作资源，适度规制各部门自由裁量权

第一，明确职责分工。组织人社部门和主管部门应在核准招聘单位的公招方案时，明确出现争议时各部门（单位）间的职责，并对照部门（单位）职责进行分工，明确相关工作环节责任人，明确标准，通过细分部门（单位）责任、工作流程责任和人员责任，进一步加强部门（单位）之间、岗位之间各个环节处理和工作衔接，避免职责不清和推诿扯皮的现象发生，进一步推动事业单位公开招聘争议处理工作的有序开展。

第二，加强统筹协调。要转变工作理念，明确事业单位公开招聘争议处理工作是一项复杂的系统工程，不是只依靠某一个政府职能部门或某一级职能处就能完成的工作。加强统一领导和统筹协调力度，形成组织人社部门监督指导更加有力、相关部门（单位）配合更加密

切、考生参与更加踊跃的新局面。同时，还要加强有关政府部门与学术研究部门的合作和互动，展开全方位、前瞻性的研究，为实践工作提供理论指导。

第三，规制自由裁量权。在事业单位公开招聘争议处理工作中，争议处理主体所拥有的未加限制的自由裁量权带来了种种弊端和危害。因此，对自由裁量权加以规制，以提高争议处理工作的透明度，减少争议处理决定的人情因素，从而避免争议处理主体自由裁量权使用的随意性，更加有效地保证了争议处理决定的公正性和公平性。一是通过制定配套政策，明确做出争议处理决定的方式、范围和幅度，对事业单位公开招聘争议处理自由裁量权的行使应从制度的角度进行合理性控制。二是加强行政责任的约束，加强行政机关内部以权力制约权力的机制，进一步明确、规范争议处理主体的责任。三是通过提高争议处理主体的业务素质、道德水平，提高争议处理主体的法治意识，养成合法、合理行政的自觉性。

三、严格依法公招，增强考生和招聘单位法治、维权意识

一方面，在具体处理事业单位公开招聘争议时，相关部门务必要树立依法治国，依法行政的法治思想，坚持执政为民，全面推进依法行政，建设法治政府。要增强争议处理工作的责任感和使命感，做到以规范促公正，以安全促公平，以公平保质量，将事业单位公开招聘争议处理制度打造成政府工作品牌，不断增强事业单位公开招聘争议工作的社会公信力。另一方面，无论作为事业单位公开招聘过程中的强势或弱势方，招聘单位与考生都应增强自身维权意识，综合运用多种救济途径来维护自己的合法权益，弥补损失。

第四节 延伸思考

问题一：事业单位公开招聘中能否引入公益诉讼制度

近年来，随着我国经济实力的迅速发展，涉及众多当事人的公共利益的纠纷呈上升趋势，如拆迁土地、污染环境等许多案件。这些纠纷往往具有严重的社会影响、参与者众多、涉及广泛的社会群体等特点，且大部分关系到公共利益。由于这种诉讼法形式与传统的仅涉及平等主体的私人矛盾有很大差别，因此称为“公益诉讼”。公益诉讼制度，并不是一个严格意义上的法律概念，从各国对此制度的学术研究和法律实践来看，也存在诸多分歧和不同见解。而我国学术界对此制度也存在三种不同观点，即经济公益诉讼论、行政公益诉讼论和二元公益诉讼论。

经济公益诉讼论认为公益诉讼是任何组织和个人根据法律授权，就侵犯国家利益、社会利益的行为提起诉讼，由法院依法处理违法行为的司法活动。[①] 而行政公益诉讼论，也称为一元公益诉讼论，这种观点认为公益诉讼就是行政公益诉讼，即诉讼对象为国家机关和公务员，审查的是国家机关的行为。[②] 二元公益诉讼论认为公益诉讼是指特定的国家机关和相关的团体和个人，根据法律的授权，对侵犯国家利益、社会公共利益或不特定的他人利益的行为向法院提出诉讼，由法院依法追究相对人法律责任的诉讼活动。[③] 这种观点认为公益诉讼

---

① 颜运秋. 公益诉讼理念研究［M］. 北京：中国检察出版社，2002.

② 吴汉东. 私法研究（创刊号）［M］. 北京：中国政法大学出版社，2002.

③ 李刚. 公益诉讼研究［D］. 北京：清华大学，2003.

具体细分为民事公益诉讼和行政公益诉讼。综上所述，本书将“公益诉讼”界定为法院依法对侵害国家利益、社会公共利益的诉讼进行审理判决的行为，目的是保护国家利益和社会公共利益不受损害。

公益诉讼制度已在国外发展数十载，且在美国、德国和其他资本主义国家形成了较完整的体系。美国作为英美法系国家，其公益诉讼制度较集中地体现了原告多元主义的价值观，基于自然正义的内涵，赋予了多个主体提起公益诉讼的适格当事人资格，包括公民、社会团体、检察机关等，有效地维护社会公共利益。但同时也对这些权利主体做出了限制性规定，以防止权利的滥用。而作为大陆法系国家的典型代表，德国对待民事公益诉讼，采取的是较保守的立法模式，但其适格当事人的相关规定却通过另一特色形式表现出来，即团体诉讼制度。

对于公益诉讼这一新型诉讼模式，我国学术界和法律界一直给予了相当高的关注度，2012 年民事诉讼法的新修改，首次对公益诉讼问题做出了权威规定，新《中华人民共和国民事诉讼法》（以下简称《民事诉讼法》）第五十五条规定：“对污染环境、侵害众多消费者合法权益等损害社会公共利益的行为，法律规定的机关和有关组织可以向人民法院提起诉讼。”社会各界深切关注、呼吁多年的公益诉讼制度，终于从学术理念成为实践立法，并付诸我国的司法领域。而在本书研究的事业单位公开招聘中，由于公招过程中可能存在侵犯众多考生利益的现象，如性别歧视、户籍歧视等，公益诉讼制度也逐步发展成为其重要的救济途径之一。[①]

姚依（化名）是成都某高校英语专业的毕业生，2014 年 5 月 20

---

① 隋洪明. 分立抑或统一：我国公益诉讼制度构建与分歧消解 [J]. 政法论丛，2012 (2)：31-37.

日，一家姚依投递过简历的公司通知她前去面试。6 天后，姚收到入职邮件，要求其到门诊部进行体检。在体检时姚依看到，乙肝两对半的检测项目也在其中。5 月 30 日，用人单位的人事经理给姚打来电话，告知其不能入职，原因是她携带乙肝病毒。人事经理还说，负责体检的医院非常确定其病毒有传染性。当姚提出去三甲医院再做一次检查时，对方予以拒绝。6 月 1 日，姚自费到成都市一医院进行了复查，结果表明她是肝功正常的乙肝携带者。后来致电用人单位说明情况，但该单位仍以姚依为乙肝携带者为由拒绝其入职。[①]

2014 年 12 月 3 日，姚依同时状告医院、用人单位的案件在法院开庭，她向两家单位各索赔 4 万元的精神损害费。后来，原被告双方均表示同意调解。

在许多就业歧视案件中，考生因为受到舆论压力、经济生活压力等多层压力，不愿也不敢用法律途径来维护自己的合法利益，而一些公益组织和社会团体则可以替代其提起诉讼。由该案例可以看出，在现实中对《民事诉讼法》第五十五条的运用较少，我国才开始探索社会团体出庭支持诉讼。而将公益诉讼制度引入事业单位公开招聘中，无疑会更好地激活这条法律，平等就业权也会得到更好的保障。无论是对我国公益诉讼的新发展、事业单位公开招聘的有序进行，还是整个社会主义法治进程，都有重大的影响和意义。

通过借鉴外国经验和立足我国国情分析，笔者认为，完全可以将公益诉讼制度纳入事业单位公开招聘救济途径。事业单位公开招聘公益诉讼还有待进一步完善立法，采取必要措施对诸多实践中产生的相关问题进行限制和解决，以期构建起相对完善的法律制度。

第一，明确适格当事人。我国事业单位公开招聘公益诉讼制度应

① 成都女大学生因乙肝被拒聘　妇联出庭帮她打官司 [N]. 华西都市报，2014-12-04.

当形成，以检察机关为主体，出于公平、正义的朴素法律情感而提起诉讼的社会团体和与案件有实际利害关系的公民为补充的适格当事人体系。

第二，加强程序保障。首先，建立保证金制度。在案件审理过程中，原告给法院交纳一定数额的保证金，作为其完整参加诉讼的保证。在诉讼结束后，不论结果如何，法院都将退还原告缴纳的保证金及相应利率。保证金制度，可以有效防止公益诉讼适格当事人在启动司法程序后，又不遵守相关规则，随意退出，严重浪费司法资源和人力物力。其次，合理分配举证责任。根据适格当事人类型的不同，确定不同的举证责任分配原则。对于公民和社会团体提起的公益诉讼，应该由被告承担举证责任。在这类诉讼中，原告的举证能力有限，传统意义上的"谁主张，谁举证"原则，缺乏必要的技术手段和资金支持，往往只能证明自己受到了侵害，而无法就侵权人的主观过错、行为的违法性等提供证据。因此有必要实行举证责任倒置，将举证责任分配给拥有优势地位和强大力量的被告。而对于由检察机关提起的公益诉讼，基于其特殊的身份和职权，同时拥有较高的技术手段和专业技术人才，则应由原告对其主张承担举证责任。最后，代表人诉讼信托制度。经过所有群体诉讼适格当事人的推选和明示许可，由一位适格当事人作为代表，进行诉讼的"代表诉讼人制度"在群体诉讼中便发挥了巨大的作用。这一制度与美国无须其他适格当事人授权的默示"集团诉讼"有显著的区别，更类似于民法上的"信托"制度，故为"代表人诉讼信托制度"。这一制度，对能够在简化司法程序、节约司法成本的同时，有效全面地保障其他诉讼成员的正当利益。

第三，健全激励机制。首先，减免诉讼费用。目前我国的诉讼案件费用的征收标准，除法律规定的极少数免交诉讼费的案件外，大多数案件的诉讼费用一般由败诉者承担，原告先行支付。而公益诉讼案件由于影响较大，巨额诉讼费用对于普通公民和一般社会团体来说难以承受。为了避免由于诉讼费用负担问题将多数适格当事人拒之门外，我们有必要适当减轻或免除普通公民和社会团体提起公益诉讼预先应缴纳的费用，且坚持案件审结后由败诉方承担诉讼费用的制度。其次，奖励胜诉原告。给予胜诉原告适当精神和物质奖励。这样既弥补了原告在经济和精神上的付出，又充分肯定了原告的正义行为，有利于增强公民和社会团体的当事人意识和社会责任感，鼓励更多适格当事人积极主动地维护社会公共利益，营造良好的社会风气，保证社会监督机制的正常运转。

问题二："诉访分离"与"诉调对接"新趋势

各种社会矛盾，最终还是要在规范的、法律的轨道上解决。这既需要法律精神和法律思维的养成，也需要完善相关制度、机制。党的十八届三中全会通过的《中共中央关于全面深化改革若干重大问题的决定》明确提出："把涉法涉诉信访纳入法制轨道解决，建立涉法涉诉信访依法终结制度。"通俗地讲，就是实行诉访分离。

诉访分离是实现涉诉信访法治化的重要内容，是解决涉诉信访问题的根本之策。把涉诉信访从普通信访中分离出来，符合条件的导入司法程序，做到依法保障合法权益、依法维护公正结论、依法纠正错误裁决，保护合法信访、制止违法闹访。涉诉信访制度改革的基本方向是实现涉诉信访法治化，把涉诉信访纳入法制轨道解决。

"诉调对接"是经人民调解委员会调解依法达成的调解协议，在征得双方当事人同意移送法院进行司法确认后，可由人民调解委员会提交法院进行司法确认，法院对调解协议的内容进行合法性审查后，制作形成民事调解书，赋予强制执行力，且法院免收诉讼费用，如一方当事人不履行调解协议确定的义务，另一方当事人可直接向法院申请强制执行。[1] 诉调对接制度通过司法途径赋予人民调解结果司法效力，充分发挥司法审判与人民调解机制各自的优势，更加科学、高效、便捷地解决矛盾纠纷。

“信访回复”和“调解”作为事业单位公开招聘救济途径之一，是考生维护自身合法权益、弥补损失的重要渠道。一方面，从诉讼程序是看，起诉、受理到立案、开庭审理，有些诉讼还要经过复议、听证等程序，需要耗费当事人更多的时间成本、经济成本、人情成本。而相对于法院诉讼，实行“诉访分离”“诉调对接”，能更有效地降低成本、节约时间，在保证公平的前提下按法定审限要求尽快结案，从而使社会经济价值达到最大化，有利于实现事业单位公开招聘救济途径的多元化，倡导以法治思维和法治方式处理事业单位公开招聘中的相关问题，引导群众依法、理性、有序、文明实现自身合法权益和就业权利的救济，真正实现公招中追求的“社会公平正义”“秩序价值”和“可操作性价值”，确保我国事业单位公开招聘工作和社会主义法治建设的有序进行。

---

① 王旭之. 诉调对接的现状及困境与出路 [J]. 法制与社会，2012 (23)：251-252.

第十章 内外部监督

一切公职人员必须在公众监督之下进行工作，这样能可靠地防止他们去追求升官发财和追求自己的特殊的利益。

——马克思

第一节 环节综述

一、基本概念

所谓监督，从语义上来说，我们可将其拆分为监察与督促，我们所讨论的对事业单位公招制度监督正是对事业单位公招的监察与督促，其中既包括对事业单位公招工作人员的督促，也包括出现问题后对他们的批评与检举。监督不只是批评与检举，更重要的在于督促，事业单位招聘工作和政府部门涉及权力运行的工作都需要接受社会监督，这样才能确保权利不被滥用。用社会主义治理思维看来，监督是发现问题、解决问题的必要手段，也是威慑作恶行为，警醒人们恪守底线的警钟，更是实现治理有效化的重要保障。

监督机制的缺失是造成事业单位公开招聘出现问题的重要原因之一。为了不断完善事业单位公开招聘制度，解决事业单位公开招聘中发现的问题，需要不断完善相关监督机制。目前我国对事业单位的内外部监督形式主要有各级党委（党组）和组织人事部门监督、权力机关监督、上级行政部门监督、司法监督、行政检查监督以及社会监督。本书将在下面的法学分析中对各主体进行逐一研究。

《事业单位公开招聘人员暂行规定》第六章第二十七条至三十二条都明确了事业单位公招的纪律。事业单位公招考试的目的是为国家选拔优秀的事业单位管理人才，也是为我国实现“两个一百年”奋斗目标、实现中华民族伟大复兴的中国梦选拔知识化、年轻化、专业化人才，是一件非常严肃的事情。我国的事业单位公开招聘制度尽管已经建立了较好的体系制度，但建立的时间相对较短，还存在着一些缺陷，因此，要加强事业单位公招中监督保障体系的建设，预测可能出现的问题，提前准备好解决方案。

我国经济已由高速增长阶段转向高质量发展阶段，探索建设有中国特色的事业单位公招监督体系，对促进广大事业单位公职人员树立科学的发展观和正确的政绩观，促进我国经济平稳健康较快发展有着重要的理论和现实意义。为政之道，唯在得人，从我国事业单位公招制度建立至今已走过了10余年的历程，不管是实务界还是理论界，都普遍认为此制度关系到事业单位队伍的整体素质和稳定，如果事业单位公招制度不完善、不健全，不仅牵涉到社会公正问题，还会对整个社会的长期发展造成不利影响。

随着我国事业单位公招制度的快速发展，监督体系的保障作用日益凸显，主要体现在以下四个方面：

（一）监督是保障工作有序进行的有力手段

行政监督是保持正常行政秩序和良性行政行为的重要手段，为了保证整个政府机器正常运作，行政机关必须在法定的范围内恰当地行使职责，对各级行政机关的行政纪律做出明确的规定，并制定针对行政人员贪污、受贿、渎职等行为的一系列规章制度。如果没有这些法律和规章，行政活动就会出现混乱，整个政府机器和国家就会出现运转失常甚至瘫痪的现象。不管是单位，还是考生，必须保持对政府公信力的信赖，才能使公招有序进行。

（二）监督是依法治国理念的重要体现

著名法学家张晋藩指出：制度由人来制定，也由人来执行和遵守，归根到底是为人服务的。人总是生活在一定的社会制度之下，按制度设定的规程行事，受制度的激励或限制。在制度与人的关系中，人是主动因素，也是可变因素，而制度具有稳定性和长期性。用制度管权、管事、管人，而核心是用制度管人，管住了人，也就管住了权和事。[①]党的十九大报告指出，构建党统一指挥、全面覆盖、权威高效的监督体系，把党内监督同国家机关监督、民主监督、司法监督、群众监督、舆论监督贯通起来，增强监督合力。中国特色社会主义监督体系的优势发挥取决于监督的合力作用，监督体系建设要求形成系统性的监督制度架构，各项制度之间的互相衔接和配套支撑，是中国特色社会主义监督体系建设的关键。[②] 从依法治国战略来看，制度化是法治国家建设的必由路径，法制奠定法治的基础，法治维护法制的权威。

党的十九大报告强调监督的重要性，强调法治建设，而要将法治国家建设落实在事业单位公招之中，就需要建立一套具体的制度、体制和实施机制。依法治国是实现“两个一百年”奋斗目标、实现中华

① 张晋藩. 治官需先察官［EB/OL］.（2014-12-24）［2018-06-30］. http://theory.people.com.cn/n/2013/0822/c40531-22653014.html.

② 齐卫平. 依法治国依赖有效监督［EB/OL］.（214-12-24）［2018-06-30］. http://views.ce.cn/view/ent/201412/01/t20141201_4013240.shtml.

民族伟大复兴的中国梦的有力保障，加强对公招过程的监督也是强化法治建设的重要保障，是推进我国法治建设的强大动力。

（三）监督是国家权力干预的必然要求

从国家权力诞生开始，权力制约也就随之诞生。如何为权力这匹野马套上缰绳，学界大致有“以权力制约权力”“以权利制约权力”“以社会制约权力”“以法律（制度）制约权力”和“以道德约束权力”等几种观点。制约国家权力之功效，如同机车的制动阀，既是对权力正常运行的肯定与保护，也是对权力偏离轨道的防范和矫正，保证权力朝着预设的目的地运行。[①]

（四）监督是提高公信力的有效途径

自2006年《事业单位公开招聘人员暂行规定》实施以来，我国初步建立起事业单位民主、公开、竞争、择优选拔的制度框架，逐步形成了符合我国事业单位特点的选人用人机制，得到了社会的普遍认同。然而，一些地方却接连出现了“萝卜招聘”等违规招聘和违规进人事件，严重损害了公开招聘的公信力，在社会上造成了恶劣影响。2011年3月7日，中共中央组织部办公厅、人力资源和社会保障部办公厅曾专门发布《关于个别地方事业单位违规招聘和违规进人事件的通报》，曝光了五大事业单位违规招聘案例，暴露出某些基层事业单位在公开招聘工作中存在的“内部招聘”“人情招聘”“舞弊招聘”等严重问题。除了所谓的设置特定条件的“萝卜招聘”型，还有避开招考程序绕道进人的“另辟蹊径”型，提前获知答案的“未考先知”型，以奖励为名的“貌似合理”型等，不一而足。

这主要是因为个别人员在公招中徇私舞弊、以权谋私。同时也与

① 龚向和. 以国家义务制约国家权力——权力制约理论的反思与重构［N］. 检察日报，2014-04-29.

少数基层单位对公开招聘工作操作不规范、监督不到位有直接关系。在全国整治事业单位公开招聘突出问题专项行动电视电话会议上，人社部前副部长孔昌生强调，“有些基层人社部门同志廉洁自律不到位，出现了以权谋私、用人腐败现象”。加强对事业单位公招的监督具有重要的现实意义，有利于进一步提高事业单位公招考试的公信力。

二、实践中存在的问题

（一）监督主体不明

我国对公招的监督主体规定不明确，没有明确的法律依据对公招监督主体进行规定，常常出现“九龙治水”的情况：多个部门管理同一事情，政策打架彼此矛盾，或是没有部门管理边缘事务，相互推诿推卸责任。[①] 事业单位公开招聘监督工作职能泛化，各个部门对公招监督的职能边界不清晰，使各相关部门之间的职能关联度降低，亲和度减弱，不可避免地出现了各行政机构相互联系松散。由于行政机构臃肿，推诿扯皮，相互掣肘等现象大量存在。行政人员的结构，特别是专业知识结构不科学现象较为严重，具有专业知识、专业能力的人较少。行政管理活动的各环节不规范、不协调，人浮于事现象严重，不仅表现为工作人员多，还表现在部分单位领导干部虚职、副职过多，造成了有职无责、有职无权，导致上情不易下达、下情不易上送，人为地阻碍了政令的畅通，形成了多头领导，搞得下属不知所从，也严重影响了行政管理的顺利进行。

我国已有关于公开招聘的制度，但尚未建立有效的人事监管机制，政府人事部门的监管工作严重滞后，缺乏成熟的监管制度，相关

---

① 东方网．互联网管理，从破解“九龙治水”起步——习近平关于互联网的论述系列评论之九［EB/OL］．(2014-12-24)［2018-06-30］．http://pinglun.eastday.com/p/20141019/u1ai8398239.html.

规定往往缺乏操作性，导致监管措施无法落实。国内外的长期实践表明，行政壁垒不符合市场经济的游戏规则，与市场经济原则相背，与社会期盼的事业单位公开招聘监督处理高效运行的初衷背道而驰，必然导致社会资源配置的低效率。行政壁垒形成的根本原因在于传统思维下的行政管理体制，行政部门众多，行政管理职能分散、重叠，部门之间争权夺利和扯皮推诿现象严重，虽然这对防止集权、滥权有一定的积极意义，但也导致工作资源整合不足，行政效率低下，降低了公招监督的效率和权威性。

（二）监督力度不强

事业单位公招工作存在的问题是法律法规要予以制止和纠正的，以保证招聘工作的公开、公平、公正。虽然要求组织人社部门和事业单位主管部门加强监管，及时制止和纠正违规违纪行为，但规定对考生权益的保护过于原则，不具操作性，无法落实，最终只是徒有虚名，使得这种权利“只能是道德权利或习惯权利，而不是法律权利”。作为相对弱势方的考生，其救济权与事业单位的用人自主权存在一定的冲突，实质是制度层面，即公权和私权的冲突，这也是事业单位公开招聘监督问题产生的深层次原因。

招聘单位和考生之间的地位显然不平等。《事业单位公开招聘人员暂行规定》第四条赋予了事业单位用人自主权，但未对自主权的外延和内涵作明确规定，导致部分事业单位和主管部门将用人自主权理解为绝对的自主权，强调事业单位公开招聘工作应由主管部门完全做主，不愿接受考生的质疑以及组织人事部门的指导监督。从实际情况来看，由于事业单位内部的种种弊端，导致考生的权益极易受到损害。在实际操作中，存在随意放宽或收窄审查报考资格标准、变更公开招聘规定等行为，例如使不符合招聘条件的考生进入笔试或面试环节，即使被举报或未通过审核确认被取消了拟聘用资格，也使排序在后的考生无法递补；存在内部程序和暗箱操作现象，使程序这种“看得见的正义”也无法实现，如参加面试的评委构成比例、评委测评能力、评分存在随意性等，使考生的合法权益遭到侵害。权利受到侵害时，救济是权利实现的唯一保障，考生救济权应作为公民平等就业权的一部分。《事业单位公开招聘人员暂行规定》第二十九规定：“政府人事行政部门和事业单位的上级主管部门要认真履行监管职责，对事业单位招聘过程中违反干部人事纪律及本规定的行为要予以制止和纠正，保证招聘工作的公开、公平、公正。”该规定对考生权益的保护过于原则，不具备操作性。

（三）回避制度缺乏

《事业单位公开招聘人员暂行规定》第二十七条规定：“凡与聘用单位负责人员有夫妻关系、直系血亲关系、三代以内旁系血亲关系或者近姻亲关系的聘用人员，不得应聘该单位人员的秘书或者人事、财务、纪律检查岗位以及有直接上下级领导关系的岗位。”在事业单位招聘考试中，因为对回避对象判断标准不够明确，出现了许多利用这个漏洞的违规行为，它们往往看上去是符合规定的，但在实际操作过程中却很难保证考试的公平，人们很难提出有效的质疑，申诉救济也很难得到落实。事业单位公招回避制度应同时具有形式正义的保障作用和实质正义的促进作用。只有建立健全事业单位公招回避制度，才能为事业单位公招的公正性提供保障。在实践中，我们往往看到一些政策执行者并不是全面、完整地执行，而是有选择地执行，从而使政策在执行过程中走样的情况，即俗语“屁股决定脑袋”。在事业单位公开招聘工作中也存在经办人员徇私舞弊，导致回避制度落实不到位。回避制度本是促进公招公平、公正的运行机制，但由于监督部门既是政策的制定者，又是政策的评判者，导致回避制度无法很好地执行。

尽管“暂行规定”明确要求事业单位在招聘中实行回避制，但各事业单位在招聘中的“主考官”往往是本单位人员，不免给人留下可乘之机。要想杜绝此类情况，最有效的方法莫过于改变用人单位身兼“主考官”的现状。有鉴于此，在事业单位招聘中，应该采取本单位和上级主管部门联合组织考试的方法，由主管部门抽调专人负责考试安排，或者将公开招聘交由人事部门等第三方完成，真正促使“回避制”落到实处。

笔者认为，保证事业单位人才引入环节的公平、公正是事业单位为公众服务的重要前提。本书通过分析典型案例，分析相关群体对案例中考试公平性产生不同认识的原因，探索有效防止出现“萝卜招聘”的方法途径。

（四）结果使用不顺

目前我国事业单位公招制度对作弊考生的处理，一般包括考试成绩作废、五年以内禁考等方式。以 2013 年 12 月云南昭通事业单位招考作弊案考生处理为例，被处理的 32 名考生，其中 1 名终身不得报考昭通事业单位工作人员招聘考试，1 名考生 5 年之内不得报考，4 名考生 1 年之内不得报考，其余 26 名考生取消考试成绩。也就是说所谓处罚结果最严重的也只是终身不能报考昭通的事业单位，那么被处罚考生完全可以参加除昭通以外其他地区的事业单位考试。监督结果仅单方主体应用，难以联动使用，意味着结果偏离了建立监督制度的最初本意，无法达到预期的效果。

（五）缺乏震慑指标

理论研究和实践发现，由于相关法律制度的不完善，既没有具体明确的实体性法律规定，也没有具有可操作性的规范性程序。公招作弊的惩处措施随意性很大，往往是以罚代刑，一罚了之，违纪违法成本较低。由于情况复杂，打击力度小，违规个人、单位及部门风险成本小，无形中放纵了犯罪，助长了公招作弊的不良风气。

（六）方式较为单一

现有事业单位公开招聘监督工作的方式、方法比较缺乏，且方法原始，处置程序随意，具体表现在以下三个方面：一是国家和地方几乎都没有制定内容具体、操作性强的公招监督制度，对公招监督的工作原则、流程、形式、方法等没有明确要求。二是公招监督的方法和措施还比较单一，招聘单位及组织人社部门习惯于宣讲政策，而不是进行法律监督。三是由于公招监督中争议事宜的复杂性，很少对工作不力的干部进行责任追究，影响了督办工作的成效。处置程序的不规范，导致考生甚至招聘单位抵触情绪较大，极易引发上访。

三、典型案例

河北省社科院“萝卜招聘”案件[①]

根据2011年8月3日《中国青年报》报道，河北省社科院2011年事业单位工作人员招聘考试中，考生李娟在领先第二名12分之多的情况下进入面试，但经过面试后，却以0.08分之差位列总分第二名，从而落选。随后有消息传出，胜出者被指是所应聘岗位领导的女儿。当该考生向河北省社科院咨询面试评委情况时，得到的答复是评委信息不公开，并且拒绝证实李某是否为该单位的子弟。从而本次招聘被人质疑是一次“萝卜招聘”。该单位为了论证自己的公正性，通过其官网发布了《关于2011年招聘事业单位工作人员有关情况的说明》（以下简称《说明》）。《说明》虽然承认了李某的父亲是该单位的中层领导，却以他不是面试考核评委，也没有参加面试考核工作为由，认为李某“符合报考要求，其亲属在面试考核过程中按规定进行了回

---

① 史全增. 论事业单位公开招聘中回避对象的“合理怀疑”判断标准［J］. 理论界，2012（8）：47-49.

避”。而关于面试评委的组成，《说明》声称按照《河北省事业单位招聘工作人员暂行办法》的规定，省直事业单位统一招聘的面试评委由事业单位及其主管部门有关负责人员、相关专业和人力资源专家组成，因而该单位认为“面试评委完全按此要求，由院内专家和上级部门外派专家组成”。最后，该《说明》宣称本次招聘“没有发现暗箱操作与违规违纪问题”。

祸患常积于忽微，千里之堤，以蝼蚁之穴溃。一个个的“萝卜坑”，其实就是一个个的蚁穴，它们严重破坏公开、公平、公正的招聘规则，让竞争成为不公平竞争，让泥土变得蓬松，给政府公信力的大堤带来了极大的危险。“萝卜招聘”明显与我国任人唯贤的用人导向相背，无论是依萝卜挖坑设置招聘条件，还是设置明显不公正条件予以限制，都是对公平公正底线的挑战。

招聘环节中存在关系户的问题在许多领域和地方都是难以避免的，由于面试考官自主权大、考官与考生关系不透明等因素的叠加，很难找到有效的办法防止这种现象的发生，因此，我们的关注的重点应该是程序的规范和公正、公开，确保招考规范化。事业单位招聘仅有公开是不够的，还需要更加完善的制度设计，也就是我们强调的内外部监督。

第二节　法学分析

一、法律关系主体

法律监督有狭义和广义两种理解。狭义的法律监督仅指有关的国家机关依照法定职权和程序，对立法、执法和司法活动的合法性进行监察和督促。[①] 对于事业单位公招来说，狭义的法律监督远远不能满足其需要，所以笔者认为在事业单位公招过程中的监督是广义的监督，是包括国家机关，社会团体和社会组织，人民政府及其主管部门，审判机关乃至人民群众的监督。

在事业单位内外部监督环节中，主要涉及五个法律关系主体，包括组织人事部门及其主管部门、招聘单位及其主管部门、纪检监察部门、考生及相关利益主体、其他单位（包括人大、政协、媒体）。

（一）组织人事部门

负责编制事业单位人员计划，综合管理人事考试工作的政府人事部门，各级政府人事部门是本级人事考试主管部门。

（二）招聘单位

负责申请事业单位招聘人员的计划。

（三）纪检监察部门

党的纪律检察机关和政府的监察部门。纪委是专司监督检查党的机构和党员贯彻执行党的路线、方针、政策的情况，查处违纪党组织和党员的机关[②]，监察部门是政府部门，是专司监督检查政府机构和政府系统公职人员的机关。

（四）考生

根据人事考试有关规定，报名并通过资格审查参加考试的人员。

（五）其他单位

包括人大、政协以及媒体监督。

二、法律关系客体

经验表明，对事业单位考试最大的威胁往往来自国家机关和与考

① 李乾宝．网络监督的法律保护［J］．广西社会科学，2011，4（25）．

② 曾荣华．企业纪检监察工作如何提升执纪效力［J］．企业改革与管理，2018，5（25）．

试相关的公职人员。法律监督就是针对国家机关和公职人员设计的一种防范机制，即对公权力拥有者与运用者具体操作公权力的行为的规范。

另外，在公招的监督过程中，涉及的几个法律关系主体都是围绕着实现公招良好的秩序而进行的，各主体之间相互配合、相互监督，其目的是维护正常的考试秩序，也就是说正常的考试秩序是监督的另一客体。

三、权利义务关系

一是纪检监察部门对所有主体的监督关系：中国共产党是我国社会主义建设的领导核心，由党组织领导的纪检监察工作对各主体都享有监督权力。

二是其他主体的相互监督关系：各主体之间均可以相互监督，从而实现制度的有序进行。

三是外部监督对上述主体的监督关系：社会监督在公招过程中具有重要作用。

四、核心要点

（一）法定监督主体

无论是学术界还是实务界，都认为事业单位公招在理论上可以有多个监督主体，如纪检监察部门、组织人事部门、主管部门派驻的纪检监察机构等，各主体各有优劣。

由于我国市场经济体制的不健全，计划经济体制的管理模式在当前仍然影响着某些领域，但其体制下的权力制约监督机制已表现出诸多缺陷和薄弱环节，显露出制约乏力、监督效能低的弊端。纪检监察机构心有余而力不足，组织人事部门本身作为被监督对象，公信力不足，主管部门派驻的纪检监察机构发挥作用也不够明显。

笔者认为，好的法定监督主体应该具备以下几个要素：独立性、距离短、政策性。独立性是指监督主体必然需要独立于其他机构，否则既是教练员，又是裁判员，根本谈不上所谓的监督；距离短是指主体能及时地掌握事业单位公招中出现的各种问题，并及时处理；政策性是指要考虑我国目前的政策，坚持党的领导，在党的领导下进行对事业单位公招的监督。

自2005年开始，派驻机构由中央纪委、监察部和派驻部门双重领导改为由中央纪委、监察部直接领导。“用巡视以解决管得着的看不见，用派驻以解决看得见的管不着”是中央纪委、监察部合署办公以来一以贯之并扎实推进体制改革的两大支点。主管部门派驻的纪检监察机构由中央纪委、监察部直接领导，有利于与被监督单位实现有效分离，保持相对独立性和权威性，实现有效监督和制约。纪检监察部门派驻在部门，符合距离短的要求。中央纪委和监察部的直接领导保证其政策性要求。派驻的纪检监察机构是目前我国最好的法定监督主体。

（二）组织人事部门的重要作用

《事业单位人事管理条例》第三条规定：“中央事业单位人事综合管理部门负责全国事业单位人事综合管理工作。县级以上地方各级事业单位人事综合管理部门负责本辖区事业单位人事综合管理工作。事业单位主管部门具体负责所属事业单位人事管理工作。”组织人事部门在事业单位公招中是公招的主管机关、业务的分类指导机关。

早在多年前就有一个共识，“吏治腐败是危害最烈的腐败”，是老百姓最为痛恨的腐败，也是一切腐败之源。1979年11月2日，邓小平在《高级干部要带头发扬党的优良传统》中指出：“我们的各级领导机关，都管了很多不该管、管不好、管不了的事。这些事只要有一定的规章，放在下面，放在企业、事业、社会单位，让他们真正按民主集中制自行处理，本来可以很好办，但是统统拿到党政领导机关、拿到中央部门来，就很难办。谁也没有这样的神通，能够办这么繁重而生疏的事情。”

一方面，因为组织人事部门是事业单位公招的主管部门，对我国相关政策非常熟悉，对于公招流程也得心应手，这种懂政策、熟业务的优势不是随便一个单位就能具有的。另一方面，组织人事部门在公招中享有极大的权力，且对于这种权力的约束不大，容易导致组织人事部门源头腐败问题。

（三）当事人如何监督

在事业单位公招过程中，谁最具有监督意识？应该是当事人，即考生。余秋雨先生说：“科举得失已成为一种牵连着家族、宗族、故乡、姓氏荣誉的宏大社会性命题，已远不是个人考试的事了。它会由于屡试不第给读书人和他们的家人带来长久广泛的心理压力，以及一旦中举之后给人带来翻身感和巨大喜悦。”事业单位考试的社会回报率虽然不像科举考试那样明显，但是对于大多数考生来说，事业单位公招考试仍具有重要的经济利益和个人利益。任何看似不公正的环节或者现象，都会引发考生对公正的质疑，进一步提升了考生的监督意识。

由于公招过程中，考生的利益诉求表达受自身条件的限制，表达诉求的渠道相对不通畅，在合理利益诉求受到阻挠的情况下，考生可能会采取非理性、极端的方式处理，尤其是在公招中处于不利地位的考生。

不以规矩，不成方圆。在法治社会实现利益诉求，都应通过合法渠道，采用合法手段，符合法律程序。如果考生认为招聘单位的主管部门或组织人社部门侵犯其报考权和公平竞争权，可以向该招聘单位的主管部门或组织人社部门的上一级机关申请复议，由复议机关对原招聘单位的主管部门或组织人社部门的行为进行审查。

行政复议是行政机关内部监督和纠错机制。虽然《行政复议法》第八条将人事处理决定排除在申请行政复议的范围外，但基于公法“法不授权即禁止”的逻辑，目前无任何法律法规将招聘单位的主管部门或组织人社部门对考生的争议事项处理决定纳入人事处理决定的范畴，考生认为招聘单位的主管部门或组织人社部门侵犯其报考权和公平竞争权时，显然符合《行政复议法》第六条第九款和第十一款规定的行政复议范围。① 虽然目前对于考生与招聘单位及组织人社部门之间所形成关系的法律性质，以及产生争议时，招聘单位或组织人社部门对考生做出的处理决定是否属于具体行政行为尚无定论，在实践中也几乎没有通过行政复议途径处理争议的案例，但正如前述分析，既然行政复议并没有对事业单位公开招聘争议关上大门，那么《行政复议法》显然可以作为处理事业单位公开招聘争议的程序性规范文件。

第三节 对策建议

一、明确监督任务分工

一是以法律形式明确公招的监督主体和执行部门。组织人社部门和主管部门应核准招聘单位的公招方案，明确出现争议时各部门的职

① 《行政复议法》第六条规定：“有下列情形之一的，公民、法人或者其他组织可以依照本法申请行政复议：……（九）申请行政机关履行保护人身权利、财产权利、受教育权利的法定职责，行政机关没有依法履行的；……（十一）认为行政机关的其他具体行政行为侵犯其合法权益的。”

责，并对照部门职责进行分工，明确相关工作环节责任人和相关标准。通过细分部门责任、工作流程责任和人员责任，进一步加强部门之间、岗位之间工作环节处理和工作衔接，避免职责不清和推诿扯皮现象的发生，进一步推动事业单位公开招聘争议处理工作的有序开展。

加快建立、实施人事监督监管机制，增强内部监督。一方面要在人事系统内建立专门的监管机构，对涉及事业单位人事管理的事务进行监督检查。另一方面各级人事行政管理部门要充分履行监管责任，从组织结构上强化监管职能；建立多样化诉求渠道，设立举报电话、举报邮箱，并向公众公布；对违规事件的查处时限、查处主体、责任人处罚做出明确的规定等，从根本上杜绝公开招聘中违法违纪现象的发生，确保公民公平就业权的顺利实现。

二是明确公招过程中各主体间的职责分工，避免相互推诿。创新监督机制，实现监督的整体效能。目前，事业单位公招过程中各种形式的监督各自为政，没有形成监督合力，造成了监督不力的局面，其结果就是资源的浪费。根本原因在于监督机制不合理，对监督权限、方式、程序、范围等缺乏合理分工，导致在监督工作中出现监督空白或相互冲突的现象，使监督机构不能发挥应有的作用，造成内耗。[①] 事业单位公招程序基本相同，重复监督浪费人力、物力、财力，降低监督的效力。事业单位公招中也会出现一些疑难案件，可能会引发各监督部门互相推诿、扯皮，无人监督的状况，从而削弱监督的整体效能。因此，在事业单位公招的监督过程中，要探索一种新的监督机制，在对监督权限、方式、程序、范围等进行合理分工的基础上，加强监督主体之间的沟通协作。

---

① 陈沈慧. 试论行政内部监督制度体系的创新［J］. 福建论坛（人文社会科学版），2008（3）：122.

二、明确应当回避情形

一是进一步强化回避制度。原人事部《事业单位公开招聘人员暂行规定》第 27 条规定:“事业单位公开招聘人员实行回避制度。凡与聘用单位负责人员有夫妻关系、直系血亲关系、三代以内旁系血亲或者近姻亲关系的应聘人员，不得应聘该单位负责人员的秘书或者人事、财务、纪律检查岗位，以及有直接上下级领导关系的岗位。聘用单位负责人员和招聘工作人员在办理人员聘用事项时，涉及与本人有上述亲属关系或者其他可能影响招聘公正的，也应当回避。”但是招聘人员对法律条款的理解不一，甚至是刻意歪曲理解，导致了回避规定执行难，甚至成为违法乱纪的重灾区。

二是细化其他回避的情景要素。尽管我国规定了对事业单位公招的回避制度，但是这种回避制度并不能阻止“萝卜招聘”，因为中国是一个人情社会，只要公共权力能够被用来解决私人利益问题，人们就会尽其所能，调动一切可以调动的关系，建立起随时可以利用的“熟人”网络。[①]

借鉴英国的反偏私规则，确立回避对象的“合理怀疑”判断标准，即根据正常人的思维逻辑可认为考官与考生具有利益关联，极可能导致考试失去公平性，这种关系就属于回避的范畴。

三是对于长期在本单位的编外人员的处理方式。目前我国事业单位中存在一种现象，就是存在大量的编外人员，也就是“临时工”。这些编外人员在报考本单位事业编制时，是否适用回避制度？按照一般人的理解，毫无疑问，这里的回避是必需的。就跟上一段所说的“合理怀疑”标准一样，这就没什么值得讨论的价值了。但当编外人员报

① 虞崇胜. 潜规则之下的熟人社会 [J]. 人民论坛，2006 (10).

考本单位事业单位时又该如何处理呢？笔者认为针对这种情况，上级部门应在本系统内予以调剂，难以调剂的可在本行政区域内进行调剂。

三、联动使用监督结果

一是探索建立违规招录长期跟踪追责机制。一时一处违规，时时处处受制，让违规操作者始终处于“莫伸手，伸手必被捉”的胆战心惊中。只要发现单位部门存在违规考录问题的，不管经过多长时间，不管是否已成“既成事实”，发现一起、查处一起、问责一起。要将严格问责贯穿始终，不能睁一眼闭一眼、得过且过，或大事化小、小事化了、不了了之。只有严明法纪，强化权力约束，加大惩处力度，敢动真格，敢于曝光，让那些暗箱操作、违法违规者付出沉重的法律代价，才能起到强烈警戒作用，使他们“不敢出手”。

二是建立诚信记录社会档案系统，纳入社会信用体系。建立个人信用制度，用个人信用搭建起整个社会信用体系的基础。记录下考生在事业单位招录考试中的不良行为。而这个记录将伴随其一生，影响其以后的求职、就业、贷款，让考生望而生畏，自觉遵守事业单位招录考试各项规定。建立个人信用制度，是完善事业单位公招监督机制的发展需求。

四、运用媒体正向引导

随着经济社会的发展，人们对新闻媒体的监督力量越来越重视，在事业单位公招中，媒体所扮演的角色也越来越重要，舆论监督成为公招过程中，考生及相关利益主体维护自身合法权益的重要手段。党的十九大提出：“构建党统一指挥、全面覆盖、权威高效的监督体系，把党内监督同国家机关监督、民主监督、司法监督、群众监督、舆论监督贯通起来，增强监督合力。”在这诸多监督方式中，监督历史最长久、动员最广泛、内容最丰富、触及最直接、效果最显著的毫无疑问的是舆论监督。

但随着经济社会的迅猛发展，舆论监督暴露出许多不完善、不健全、不规范的地方，还有许多监督乏力、监督不畅和监督不能的状况，甚至存在着损害百姓利益、单位的合法权益甚至影响经济社会发展的情况。有些新闻媒体为制造噱头，引起关注，竟然违反“真实”这一媒体舆论监督的生命线，通过不实报道极大损害了新闻媒体舆论监督的社会形象及存在价值。

目前，一个事件会迅速引起成千上万人的注意和传播，尤其是“意见领袖”的关注和参与，会使舆论影响滚雪球一样越变越大。网络上的呐喊、追问、质疑越发受到各级领导的高度重视，越来越多的党政机关加强对网络舆情的监测、搜集、分析和研判工作，对网民通过网络发出的声音倍加关注，尽量及时处置，以期消除隐患苗头，化解社会矛盾。

五、修改考试作弊法条

考生考试作弊所获得的利益大于所支付的成本时，他们权衡利弊得失后可能就会选择考试作弊。作弊的考生比没有作弊的考生付出小、收益大，所以当没有作弊的考生看到作弊的考生获得更多的收益时，就会为了获得更多利益而选择作弊，因此考试作弊的人越来越多，范围也越来越大，进入了恶性循环，使考试作弊成为一种风气，考试作弊就容易发展成为集体违规的现象。为了防止这种现象的发生，必须加大考试作弊要付出的成本。

对违法者的惩罚包括让其承担行政法律责任和刑事法律责任两方面。考试行政法律责任是指因考试法律关系主体违反了相关的考试行政法律规范而承担的法律责任；考试刑事责任是指考试法律关系主体违反相关考试法的行为情节严重，已构成犯罪的，所应承担刑罚处罚的法律责任。这两种责任都属于公法上的责任，是国家为了维护公法上的秩序而设立的，由于其严厉性以及对相对人的权利侵害较为严重，因此，这两种责任必须通过法律的途径来确认。

我国《刑法》第四百一十八条规定了招收公务员、考生徇私舞弊罪。《刑法修正案（九）（草案）》增加组织考试作弊等犯罪，将在国家规定的考试中，组织考生作弊的，为他人提供作弊器材的，向他人非法出售或者提供试题、答案的，以及代替他人或者让他人代替自己参加考试等破坏考试秩序的行为规定为犯罪。除了考试作弊罪以外，还应该增设事业单位考试徇私舞弊罪，或将四百一十八条修改为“招收公务员、事业单位、考生徇私舞弊罪”。

增设招收事业单位工作人员徇私舞弊罪，不仅能够有效惩治事业单位招录过程中的徇私舞弊行为，逐步减少招录事业单位工作人员过程中徇私舞弊案件的发生，还能扩大我国关于作弊的法律覆盖范围，改进考试风气。因此，我国刑法增设招收事业单位工作人员徇私舞弊罪，具有急迫性、必要性。

遵循监督机制建立的原则。笔者认为，建立和完善事业单位公招制度监督机制，应在以下八个方面着力推进（如表 10-1 所示）。

表 10-1

	序号	作用	解决方式
完善事业单位公开招聘监督机制	1	奠定基石	颁布《事业单位公开招录考试法》
	2	完善关键	明确事业单位公招考试监督部门
	3	积极推动	确定事业单位公招执行部门
	4	着力重点	明确事业单位公招部门的职责分工
	5	基本前提	公开事业单位公招考试工作
	6	重要尺度	规范事业单位公招考试工作
	7	有效补充	注重社会监督
	8	发展方向	建立诚信档案联动使用机制

第四节　延伸思考

问题一：如何充分发挥群众的监督作用

《宪法》第二条第一款规定，人民是国家的主人。第四十一条也赋予了公民的监督权，以期在全社会营造民主监督的浓厚氛围，培育民主监督的深厚土壤。在全社会普及民主法制教育，不断激发人民群众进行民主监督的热情。同时，防止超越法律和制度约束的权力滥用，不断提高人民群众监督能力。群众监督是监督体系中十分重要的部分，是指广大人民群众直接或通过一定专门机构间接对各级党政机关及其工作人员制定和执行各项制度、方针、政策以及他们的工作进行检查和督促的活动。群众监督是最广泛、最直接的监督，具有其他监督形式无法替代的作用，必须引起高度重视，尤其是在政府人事监督监管制度尚不完善的情况下，公众的社会监督显得格外重要。

加强和完善人民代表大会制度、村民代表制度、职工代表制度等，保障人民当家做主的权利。切实保障《宪法》赋予公民合法权利不受侵害保护群众参与监督的积极性。但是，现实情况是，由于受到传统思想和监督主体素质等方面因素的制约和影响，导致群众监督在实际的执行过程中存在一些问题。群众不懂监督，不敢监督，有关机关对于群众监督也不重视；网络的时效性、难以验证性相互冲突；且大多数都是事后监督，没有引起公众的普遍关注，难以对公招进行有效补救。具体表现为：一是不敢监督、不懂监督。一方面，由于被监督的对象往往是各级组织、政府机关或公务人员，甚至是一些干部领导，群众怕因为行使监督权力而遭到打击报复，因此不敢监督。另一方面，广大群众对监督的认识不够深刻，对如何行使民主权利、开展群众监督缺乏必要的认识，因此不懂监督。二是政府对群众监督不够重视。一些领导对群众监督存在错误认识，认为群众监督有无均可，从而忽视了群众监督的重要作用。三是监督渠道不畅通。由于在下情上传、受理督办等方面存在制约，群众监督虽然在提倡，但是实施过程中却难以发挥应有的作用。

笔者认为，监督主体下移，对网络监督进行积极引导，从表面来看，“问题招聘”终不得逞，但是其违规成本并不高。在招聘丑闻被曝光之后，大部分的“问题招聘”不了了之，人们看到的处理结果往往都是道歉、承认其做法欠妥、取消正在进行的招聘，或者暂不招聘，或者拟定新的规则、重新招聘，只有少数的主导者被免职，但是这样的免职也只是暂避风头的“褒奖式问责”，并不是处罚，因此很难起到应有的惩戒作用。

公共政策制定和实施是社会利益的分配与调整的过程，是多种社会力量、多个社会主体互动的过程，为了确保公共政策“人本、公正和民主”的价值取向，必须把公共政策决策的整个过程置于最广泛的民主监督之下。[①] 事业单位公招制度必须坚持公开、平等、竞争、择优的原则，只有将选人置于群众和舆论的监督之下才能赢得社会普遍的认可。不可否认，在实践中，碍于各种各样的关系、情面，一些环节人为干预的现象依然比较突出。为了让公招工作取信于民，取信于社会，必须进一步增加考录工作的公开性和透明度，自觉接受社会各界的监督。

问题二：如何更好地发挥第三方（人大、政协）的监督作用

就我国当前的内部监督而言，存在先天不足的缺点，监督者既当

---

① 李德志. 当代中国公共部门人力资源管理与开发［M］. 北京：科学出版社，2005.

教练员又当裁判员。在利益面前难免做出有悖于公平正义之举，从而影响公众对法律的信任。法律是治国之重器，良法是善治之前提。提高立法质量，就必须遏制、祛除法律中的部门利益，使法律真正成为保护最广大人民群众利益的有力武器。人大作为国家权力机构，政协参政议政机构，组成人员来源比较广，知识面比较宽，两者的监督具有天然的优势。

我国《宪法》第五十七条规定："中华人民共和国全国人民代表大会是最高国家权力机关。它的常设机关是全国人民代表大会常务委员会。作为最高国家权力机关常设机关的全国人民代表大会常务委员会享有监督国务院、中央军事委员会、最高人民法院和最高人民检察院的工作的权利，其目的是维护国家的最高权力。"《宪法》第一百零四条规定，县级以上的地方各级人民代表大会常务委员会监督本级人民政府、监察委员会、人民法院和人民检察院的工作。

但是，我们必须承认，在我国当前的政治生活中人大对"一府两院"进行监督时却显得权威性不足。政府行政权力的扩张是世界公认的现象，因为随着现代国家事务的发展，必然要求政府的权力随着社会发展不断扩张。然而，我国政府权力的扩张除应社会发展的原因外，还有更深一层的原因，那就是，我国历史上一直是一个重权力集中的国家，中华人民共和国成立以来，长期实行的计划经济进一步巩固了政府的行政权。从宪政根本角度出发，政府是由人大产生的，并对其负责。而事实上，政府除了在人大开会期间要应付人大代表的质询，并向人大汇报工作以外，政府权力常常超越人大权力，人大从财权、用人权、事权上常受制于政府。[①] 正因为这种原因，社会上还有这么一句话"人大管（政府）几天，政府管（人大）几年"。

---

① 张劲松．论人大监督政府权的实现［J］．中共云南省委党校学报，2004，5（5）：69．

《中共中央关于加强人民政协工作的意见》指出："各级党委和政府要认真倾听来自人民政协的批评和建议，自觉接受民主监督。要完善民主监督机制，在知情环节、沟通环节、反馈环节上建立健全制度，畅通民主监督的渠道。"习近平总书记在庆祝中国人民政治协商会议成立65周年大会上指出："要加强人民政协民主监督，完善民主监督的组织领导、权益保障、知情反馈、沟通协调机制。"① 但由于制度和程序在实际工作中不能很好地落地，人民政协的民主监督权利不能得到有效保障，民主监督的效力被严重削弱。

因此，在事业单位公招监督环节，应当充分发挥人大和政协参与国家事务和社会事务，管理经济和文化事业、实现民主监督的重要作用，通过完善制约、激励机制，建立代表委员履职档案、评选优秀代表、议案、建议等措施，激发他们的内动力，从而提高监督的能力和水平。

问题三：可纳入监督的主体范围

我国事业单位公招的实践经验证明，公招制度存在诸多争议、引起诸多不满的缘由不是单方面的，而是多方面因素导致。其中既包括政策的制定，也包括政策的执行问题。一方面，如果公招过程中的政策文件相对成熟，但是由于执行问题导致违法违纪现象的发生，对整个社会的影响也是极其严重的。尤其是我国政策实行有一个比较独特的现象——"上有政策，下有对策"，伴随这种现象的结果往往就是政令不通、执行缺失，甚至出现对政策文件的替换性或者附加性的执行状况。另一方面，如果政策文件在最初制定时就存在着天然的不足，

① 中国政协新闻网．习近平：找到全社会意愿最大公约数是民主真谛［EB/OL］．（2014-09-22）［2018-06-30］．http://cppcc.people.com.cn/n/2014/0922/c34948-25705274.html.

那么在执行过程中即使执行得再完美，那也只能说是南辕北辙。就笔者了解的情况而言，目前我国关于公招的制度，多以人大、政府法律法规明文形式，一旦这些政策文件出现问题，就会导致相当大的负面影响。

本书认为，在公招过程中，只对公招的行为进行监督，是治标不治本的。因此，既要对行为进行监督，也要对上位法及政策文件进行必要的审核。

问题四：如何实现公招的合规、高效、低成本

国内外的长期实践证明，行政壁垒不符合市场经济的游戏规则，必然导致社会资源配置的低效率，与市场经济原则是相违背的，与社会期盼的事业单位公开招聘争议处理高效运行的初衷也是背道而驰的。行政壁垒形成的根本原因在于，传统思维下的行政管理体制，行政部门众多，行政管理职能分散、重叠，部门之间争权夺利、互相扯皮和互相推诿现象严重，虽然这对防止集权、滥权有一定的积极意义，但更多地会导致工作资源整合不足，行政效率低下，从而降低了争议处理的权威性。因此，公招体系的混乱在一定程度上增加了公招的成本。我们可以在借鉴国外经验基础之上，对公招制度进行必要的完善，创新监督机制，实现监督的整体效能。

在改革事业单位公招过程的同时，探索一种新的既有分工、又有协作的监督机制，在对监督客体和监督权限、方式、程序、范围等进行合理分工的基础上，逐渐加强监督主体之间的沟通协作，使之优势互补。通过沟通协作、克服多部门分散监督的弊端，使分散的监督形成一个严密有序、分工合理、协调互动、运行高效的有机整体，实现监督的整体效能。

附录 宪法、法律及法规摘录

1.《中华人民共和国宪法》

第四十一条　中华人民共和国公民对于任何国家机关和国家工作人员，有提出批评和建议的权利；对于任何国家机关和国家工作人员的违法失职行为，有向有关国家机关提出申诉、控告或者检举的权利，但是不得捏造或者歪曲事实进行诬告陷害。

对于公民的申诉、控告或者检举，有关国家机关必须查清事实，负责处理。任何人不得压制和打击报复。

由于国家机关和国家工作人员侵犯公民权利而受到损失的人，有依照法律规定取得赔偿的权利。

第一百零四条　县级以上的地方各级人民代表大会常务委员会讨论、决定本行政区域内各方面工作的重大事项；监督本级人民政府、监察委员会、人民法院和人民检察院的工作；撤销本级人民政府的不适当的决定和命令；撤销下一级人民代表大会的不适当的决议；依照法律规定的权限决定国家机关工作人员的任免；在本级人民代表大会闭会期间，罢免和补选上一级人民代表大会的个别代表。

2.《中华人民共和国刑法》

第二百五十三条 【私自开拆、隐匿、毁弃邮件、电报罪；盗窃罪】邮政工作人员私自开拆或者隐匿、毁弃邮件、电报的，处二年以下有期徒刑或者拘役。

犯前款罪而窃取财物的，依照本法第二百六十四条的规定定罪从重处罚。

第二百五十三条之一 【侵犯公民个人信息罪】违反国家有关规定，向他人出售或者提供公民个人信息，情节严重的，处三年以下有期徒刑或者拘役，并处或者单处罚金；情节特别严重的，处三年以上七年以下有期徒刑，并处罚金。

违反国家有关规定，将在履行职责或者提供服务过程中获得的公民个人信息，出售或者提供给他人的，依照前款的规定从重处罚。

窃取或者以其他方法非法获取公民个人信息的，依照第一款的规定处罚。

单位犯前三款罪的，对单位判处罚金，并对其直接负责的主管人员和其他直接责任人员，依照各该款的规定处罚。

第二百八十二条【非法获取国家秘密罪；非法持有国家绝密、机密文件、资料、物品罪】以窃取、刺探、收买方法，非法获取国家秘密的，处三年以下有期徒刑、拘役、管制或者剥夺政治权利；情节严重的，处三年以上七年以下有期徒刑。

非法持有属于国家绝密、机密的文件、资料或者其他物品，拒不说明来源与用途的，处三年以下有期徒刑、拘役或者管制。

第二百八十三条 【非法生产、销售专用间谍器材、窃听、窃照专用器材罪】非法生产、销售专用间谍器材或者窃听、窃照专用器材的，处三年以下有期徒刑、拘役或者管制，并处或者单处罚金；情节严重的，处三年以上七年以下有期徒刑，并处罚金。

单位犯前款罪的，对单位判处罚金，并对其直接负责的主管人员和其他直接责任人员，依照前款的规定处罚。

第二百八十四条 【非法使用窃听、窃照专用器材罪；考试作弊罪】非法使用窃听、窃照专用器材，造成严重后果的，处二年以下有期徒刑、拘役或者管制。

第二百八十四条之一 【组织考试作弊罪；非法出售、提供试题答案罪；代替考试罪】在法律规定的国家考试中，组织作弊的，处三年以下有期徒刑或者拘役，并处或者单处罚金；情节严重的，处三年以上七年以下有期徒刑，并处罚金。

为他人实施前款犯罪提供作弊器材或者其他帮助的，依照前款的规定处罚。

为实施考试作弊行为，向他人非法出售或者提供第一款规定的考试的试题、答案的，依照第一款的规定处罚。

代替他人或者让他人代替自己参加第一款规定的考试的，处拘役或者管制，并处或者单处罚金。

第二百八十六条 【破坏计算机信息系统罪；网络服务渎职罪】违反国家规定，对计算机信息系统功能进行删除、修改、增加、干扰，造成计算机信息系统不能正常运行，后果严重的，处五年以下有期徒刑或者拘役；后果特别严重的，处五年以上有期徒刑。

违反国家规定，对计算机信息系统中存储、处理或者传输的数据和应用程序进行删除、修改、增加的操作，后果严重的，依照前款的规定处罚。

故意制作、传播计算机病毒等破坏性程序，影响计算机系统正常运行，后果严重的，依照第一款的规定处罚。

单位犯前三款罪的，对单位判处罚金，并对其直接负责的主管人员和其他直接责任人员，依照第一款的规定处罚。

第二百八十六条之一 【拒不履行信息网络安全管理义务罪】网络服务提供者不履行法律、行政法规规定的信息网络安全管理义务，经监管部门责令采取改正措施而拒不改正，有下列情形之一的，处三年以下有期徒刑、拘役或者管制，并处或者单处罚金：

（一）致使违法信息大量传播的；

（二）致使用户信息泄露，造成严重后果的；

（三）致使刑事案件证据灭失，情节严重的；

（四）有其他严重情节的。

单位犯前款罪的，对单位判处罚金，并对其直接负责的主管人员和其他直接责任人员，依照前款的规定处罚。

有前两款行为，同时构成其他犯罪的，依照处罚较重的规定定罪处罚。

第二百八十八条 【扰乱无线电管理秩序罪】违反国家规定，擅自设置、使用无线电台（站），或者擅自使用无线电频率，干扰无线电通讯秩序，情节严重的，处三年以下有期徒刑、拘役或者管制，并处或者单处罚金；情节特别严重的，处三年以上七年以下有期徒刑，并处罚金。

单位犯前款罪的，对单位判处罚金，并对其直接负责的主管人员和其他直接责任人员，依照前款的规定处罚。

第三百九十八条 【故意泄露国家秘密罪；过失泄露国家秘密罪】国家机关工作人员违反保守国家秘密法的规定，故意或者过失泄露国家秘密，情节严重的，处三年以下有期徒刑或者拘役；情节特别严重的，处三年以上七年以下有期徒刑。

非国家机关工作人员犯前款罪的，依照前款的规定酌情处罚。

3.《中华人民共和国物权法》

第五十条　无线电频谱资源属于国家所有。

4.《中华人民共和国劳动合同法》

第九十六条　事业单位与实行聘用制的工作人员订立、履行、变更、解除或者终止劳动合同，法律、行政法规或者国务院另有规定的，依照其规定；未作规定的，依照本法有关规定执行。

5.《中华人民共和国行政复议法》

第六条　有下列情形之一的，公民、法人或者其他组织可以依照本法申请行政复议：

（一）对行政机关作出的警告、罚款、没收违法所得、没收非法财物、责令停产停业、暂扣或者吊销许可证、暂扣或者吊销执照、行政拘留等行政处罚决定不服的；

（二）对行政机关作出的限制人身自由或者查封、扣押、冻结财产等行政强制措施决定不服的；

（三）对行政机关作出的有关许可证、执照、资质证、资格证等证书变更、中止、撤销的决定不服的；

（四）对行政机关作出的关于确认土地、矿藏、水流、森林、山岭、草原、荒地、滩涂、海域等自然资源的所有权或者使用权的决定不服的；

（五）认为行政机关侵犯合法的经营自主权的；

（六）认为行政机关变更或者废止农业承包合同，侵犯其合法权益的；

（七）认为行政机关违法集资、征收财物、摊派费用或者违法要求履行其他义务的；

（八）认为符合法定条件，申请行政机关颁发许可证、执照、资质证、资格证等证书，或者申请行政机关审批、登记有关事项，行政机关没有依法办理的；

（九）申请行政机关履行保护人身权利、财产权利、受教育权利的法定职责，行政机关没有依法履行的；

（十）申请行政机关依法发放抚恤金、社会保险金或者最低生活保障费，行政机关没有依法发放的；

（十一）认为行政机关的其他具体行政行为侵犯其合法权益的。

第八条　不服行政机关作出的行政处分或者其他人事处理决定的，依照有关法律、行政法规的规定提出申诉。

不服行政机关对民事纠纷作出的调解或者其他处理，依法申请仲裁或者向人民法院提起诉讼。

6.《中华人民共和国行政诉讼法》

第二条　公民、法人或者其他组织认为行政机关和行政机关工作人员的行政行为侵犯其合法权益，有权依照本法向人民法院提起诉讼。

前款所称行政行为，包括法律、法规、规章授权的组织作出的行政行为。

第十二条　人民法院受理公民、法人或者其他组织提起的下列诉讼：

（一）对行政拘留、暂扣或者吊销许可证和执照、责令停产停业、没收违法所得、没收非法财物、罚款、警告等行政处罚不服的；

（二）对限制人身自由或者对财产的查封、扣押、冻结等行政强制措施和行政强制执行不服的；

（三）申请行政许可，行政机关拒绝或者在法定期限内不予答复，或者对行政机关作出的有关行政许可的其他决定不服的；

（四）对行政机关作出的关于确认土地、矿藏、水流、森林、山岭、草原、荒地、滩涂、海域等自然资源的所有权或者使用权的决定不服的；

（五）对征收、征用决定及其补偿决定不服的；

（六）申请行政机关履行保护人身权、财产权等合法权益的法定职责，行政机关拒绝履行或者不予答复的；

（七）认为行政机关侵犯其经营自主权或者农村土地承包经营权、农村土地经营权的；

（八）认为行政机关滥用行政权力排除或者限制竞争的；

（九）认为行政机关违法集资、摊派费用或者违法要求履行其他义务的；

（十）认为行政机关没有依法支付抚恤金、最低生活保障待遇或者社会保险待遇的；

（十一）认为行政机关不依法履行、未按照约定履行或者违法变更、解除政府特许经营协议、土地房屋征收补偿协议等协议的；

（十二）认为行政机关侵犯其他人身权、财产权等合法权益的。

除前款规定外，人民法院受理法律、法规规定可以提起诉讼的其他行政案件。

第十三条　人民法院不受理公民、法人或者其他组织对下列事项提起的诉讼：

（一）国防、外交等国家行为；

（二）行政法规、规章或者行政机关制定、发布的具有普遍约束力的决定、命令；

（三）行政机关对行政机关工作人员的奖惩、任免等决定；

（四）法律规定由行政机关最终裁决的行政行为。

7.《中华人民共和国国家赔偿法》

第二条　国家机关和国家机关工作人员行使职权，有本法规定的侵犯公民、法人和其他组织合法权益的情形，造成损害的，受害人有依照本法取得国家赔偿的权利。

本法规定的赔偿义务机关，应当依照本法及时履行赔偿义务。

8.《中华人民共和国公务员法》

第二十四条　下列人员不得录用为公务员：

（一）曾因犯罪受过刑事处罚的；

（二）曾被开除公职的；

（三）有法律规定不得录用为公务员的其他情形的。

9.《中华人民共和国治安管理处罚法》

第二十八条　违反国家规定，故意干扰无线电业务正常进行的，或者对正常运行的无线电台（站）产生有害干扰，经有关主管部门指出后，拒不采取有效措施消除的，处五日以上十日以下拘留；情节严重的，处十日以上十五日以下拘留。

10.《中国共产党纪律处分条例》

第八条　对党员的纪律处分种类：

（一）警告；

（二）严重警告；

（三）撤销党内职务；

（四）留党察看；

（五）开除党籍。

11.《事业单位人事管理条例》

第三条　中央事业单位人事综合管理部门负责全国事业单位人事综合管理工作。

县级以上地方各级事业单位人事综合管理部门负责本辖区事业单位人事综合管理工作。

组织人事部门在事业单位公招中是公招的主管机关，业务的分类指导机关。

第八条　事业单位新聘用工作人员，应当面向社会公开招聘。但是，国家政策性安置、按照人事管理权限由上级任命、涉密岗位等人员除外。

第九条　事业单位公开招聘工作人员按照下列程序进行：

（一）制定公开招聘方案；

（二）公布招聘岗位、资格条件等招聘信息；

（三）审查应聘人员资格条件；

（四）考试、考察；

（五）体检；

（六）公示拟聘人员名单；

（七）订立聘用合同，办理聘用手续。

第二十九条　处分分为警告、记过、降低岗位等级或者撤职、开除。

受处分的期间为：警告，6个月；记过，12个月；降低岗位等级或者撤职，24个月。

12.《事业单位公开招聘人员暂行规定》

第二条　事业单位招聘专业技术人员、管理人员和工勤人员，适用本规定。参照公务员制度进行管理和转为企业的事业单位除外。

事业单位新进人员除国家政策性安置、按干部人事管理权限由上级任命及涉密岗位等确需使用其他方法选拔任用人员外，都要实行公开招聘。

第十条　事业单位公开招聘人员，不得设置歧视性条件要求。

第十二条　招聘计划由用人单位负责编制，主要包括以下内容：招聘的岗位及条件、招聘的时间、招聘人员的数量、采用的招聘方式等。

第十三条　国务院直属事业单位的年度招聘计划须报人事部备案；国务院各部委直属事业单位的招聘计划须报上级主管部门核准并报人事部备案。

各省、自治区、直辖市人名政府直属事业单位的招聘计划须报省（区、市）政府人事行政部门备案；各省、自治区、直辖市政府部门直属事业单位的招聘计划须报上级主管部门核准并报同级政府人事行政部门备案。

地（市）、县（市）人民政府所属事业单位的招聘计划须报地区或设区的市政府人事行政部门核准。

第十四条　事业单位招聘人员应当公开发布招聘信息，招聘信息应当载明用人单位情况简介、招聘的岗位、招聘人员数量及待遇；应聘人员条件；招聘办法；考试、考核的时间（时限）、内容、范围；报名方法等需要说明的事项。

第十五条　用人单位或组织招聘的部门应对应聘人员的资格条件进行审查，确定符合条件的人员。确定符合条件的人员。

第十六条　考试内容应为招聘岗位所必需的专业知识、业务能力和工作技能。

第十七条　考试科目与方式根据行业、专业及岗位特点确定。

第十八条　考试可采取笔试、面试等多种方式。对于应聘工勤岗位的人员，可根据需要重点进行实际操作能力测试。

第十九条　考试由事业单位自行组织，也可以由政府人事行政部门、事业单位上级主管部门统一组织。

政府人事行政部门所属考试服务机构和人才服务机构可受事业单位、政府人事行政部门或事业单位上级主管部门委托，为事业单位公开招聘人员提供服务。

第二十一条　对通过考试的应聘人员，用人单位应组织对其思想政治表现、道德品质、业务能力、工作实绩等情况进行考核，并对应聘人员资格条件进行复查。

第二十二条　经用人单位负责人员集体研究，按照考试和考核结果择优确定拟聘人员。

第二十三条　对拟聘人员应在适当范围进行公示，公示期一般为7至15日。

第二十四条　用人单位与拟聘人员签订聘用合同前，按照干部人事管理权限的规定报批或备案。

第二十五条　用人单位法定代表人或者其委托人与受聘人员签订聘用合同，确立人事关系。

第二十六条　事业单位公开招聘的人员按规定实行试用期制度。试用期包括在聘用合同期限内。

试用期满合格的，予以正式聘用；不合格的，取消聘用。

第二十七条　事业单位公开招聘人员实行回避制度。

凡与聘用单位负责人员有夫妻关系、直系血亲关系、三代以内旁系血亲或者近姻亲关系的应聘人员，不得应聘该单位负责人员的秘书或者人事、财务、纪律检查岗位，以及有直接上下级领导关系的岗位。聘用单位负责人员和招聘工作人员在办理人员聘用事项时，涉及与本人有上述亲属关系或者其他可能影响招聘公正的，也应当回避。

第二十八条　招聘工作要做到信息公开、过程公开、结果公开，接受社会及有关部门的监督。

第二十九条　政府人事行政部门和事业单位的上级主管部门要认真履行监管职责，对事业单位招聘过程中违反干部人事纪律及本规定的行为要予以制止和纠正，保证招聘工作的公开、公平、公正。

第三十条　严格公开招聘纪律。对有下列违反本规定情形的，必须严肃处理。构成犯罪的，依法追究刑事责任。

（一）伪造、涂改证件、证明，或以其他不正当手段获取应聘资格的；

（二）应聘人员在考试考核过程中作弊的；

（三）招聘工作人员指使、纵容他人作弊，或在考试考核过程中参与作弊的；

（四）招聘工作人员故意泄露考试题目的；

（五）事业单位负责人员违反规定私自聘用人员的；

（六）政府人事行政部门、事业单位主管部门工作人员违反规定，影响招聘公平、公正进行的；

（七）违反本规定的其他情形的。

第三十一条　对违反公开招聘纪律的应聘人员，视情节轻重取消考试或聘用资格；对违反本规定招聘的受聘人员，一经查实，应当解除聘用合同，予以清退。

第三十二条　对违反公开招聘纪律的工作人员，视情节轻重调离招聘工作岗位或给予处分；对违反公开招聘纪律的其他相关人员，按照有关规定追究责任。

13.《中华人民共和国无线电管理条例》

第七十条　违反本条例规定，未经许可擅自使用无线电频率，或者擅自设置、使用无线电台（站）的，由无线电管理机构责令改正，没收从事违法活动的设备和违法所得，可以并处 5 万元以下的罚款；拒不改正的，并处 5 万元以上 20 万元以下的罚款；擅自设置、使用无线电台（站）从事诈骗等违法活动，尚不构成犯罪的，并处 20 万元以上 50 万元以下的罚款。

第七十二条　违反本条例规定，有下列行为之一的，由无线电管理机构责令改正，没收违法所得，可以并处 3 万元以下的罚款；造成严重后果的，吊销无线电台执照，并处 3 万元以上 10 万元以下的罚款：

（一）不按照无线电台执照规定的许可事项和要求设置、使用无线电台（站）；

（二）故意收发无线电台执照许可事项之外的无线电信号，传播、公布或者利用无意接收的信息；

（三）擅自编制、使用无线电台识别码。

第七十三条　违反本条例规定，使用无线电发射设备、辐射无线电波的非无线电设备干扰无线电业务正常进行的，由无线电管理机构责令改正，拒不改正的，没收产生有害干扰的设备，并处 5 万元以上 20 万元以下的罚款，吊销无线电台执照；对船舶、航天器、航空器、铁路机车专用无线电导航、遇险救助和安全通信等涉及人身安全的无线电频率产生有害干扰的，并处 20 万元以上 50 万元以下的罚款。

第八十一条　违反本条例规定，构成违反治安管理行为的，依法给予治安管理处罚；构成犯罪的，依法追究刑事责任。

14.《信访条例》

第三十二条　对信访事项有权处理的行政机关经调查核实，应当依照有关法律、法规、规章及其他有关规定，分别作出以下处理，并书面答复信访人：

（一）请求事实清楚，符合法律、法规、规章或者其他有关规定的，予以支持；

（二）请求事由合理但缺乏法律依据的，应当对信访人做好解释工作；

（三）请求缺乏事实根据或者不符合法律、法规、规章或者其他有关规定的，不予支持。

有权处理的行政机关依照前款第（一）项规定作出支持信访请求意见的，应当督促有关机关或者单位执行。

15.《国务院办公厅转发人事部关于在事业单位试行人员聘用制度意见的通知》

三、严格人员聘用的程序

为了保证人员聘用工作公平、公正，提高工作效率，聘用单位要成立与人员聘用工作相适应的聘用工作组织，严格人员聘用程序。聘用工作组织由本单位人事部门负责人、纪律检查部门负责人和工会代表组成，根据需要也可以聘请有关专家参加。人员的聘用、考核、续聘、解聘等事项由聘用工作组织提出意见，报本单位负责人员集体决定。

人员聘用的基本程序是：

（一）公布空缺岗位及其职责、聘用条件、工资待遇等事项；

（二）应聘人员申请应聘；

（三）聘用工作组织对应聘人员的资格、条件进行初审；

（四）聘用工作组织对通过初审的应聘人员进行考试或者考核，根据结果择优提出拟聘人员名单；

（五）聘用单位负责人员集体讨论决定受聘人员；

（六）聘用单位法定代表人或者其委托的人与受聘人员签订聘用合同。

聘用合同期满，岗位需要、本人愿意、考核合格的，可以续签聘用合同。

人员聘用实行回避制度。受聘人员凡与聘用单位负责人员有夫妻关系、直系血亲关系、三代以内旁系血亲或者近姻亲关系的，不得被聘用从事该单位负责人员的秘书或者人事、财务、纪律检查岗位的工作，也不得在有直接上下级领导关系的岗位工作。聘用工作组织成员在办理人员聘用事项时，遇有与自己有上述亲属关系的，也应当回避。

16.《关于人民检察院直接受理立案侦查的渎职侵权重特大案件标准（试行）》

三十二、招收公务员、学生徇私舞弊案

（一）重大案件

1. 五次以上招收不合格公务员、学生或者一次招收五名以上不合格公务员、学生的；

2. 造成县区范围内招收公务员、学生工作重新进行的；

3. 因招收不合格公务员、学生，导致被排挤的合格人员或者其亲属精神失常的。

（二）特大案件

1. 七次以上招收不合格公务员、学生或者一次招收七名以上不合格公务员、学生的；

2. 造成地市范围内招收公务员、学生工作重新进行的；

3. 因招收不合格公务员、学生，导致被排挤的合格人员或者其亲属自杀的。

后记

2007 年 3 月至 2016 年 10 月，我在省级人事部门从事了十年的事业单位人事管理工作。这十年，是从青涩迈过而立步履匆匆的十年，也是踏实工作不断求索的十年。人生有幸，走出象牙塔就能直接参与一个省域范围内较为重要公共政策的研究、制定、分析和实施，特别是完整地见证、深度地参与了事业单位公开招聘制度在四川省的落地、生根、发芽至枝繁叶茂。在这过程中，我具体承担了全省事业单位公开招聘的制度设计和政策制定、省属事业单位公开招聘工作的组织实施、信访上访和舆情处置等工作，有困惑，有思考，有感悟：这个制度虽然只是整个干部人事制度很小的组成部分，但这个制度的每个细节，却都事关老百姓能否有公开公平公正的获得感，都事关事业单位能否选聘到人岗相适的优秀人才从而促进事业发展，不可谓不重要。

回望这项工作，深切感到公共政策能否达致公平与效率的平衡，除需政策本身严谨科学、系统完备外，还有赖于全社会法治生态环境的健全，这就需要法学理论的指引。环顾周遭，发现国内目前尚无这方面的专门探讨，就萌发了用法理来解剖事业单位公开招聘制度的念头。

2018 年 7 月，在组织关心下，有幸参加四川省新时代治蜀兴川执政骨干递进培养计划年轻干部铸魂工程培训。在中共四川省委党校60余天的封闭学习中，翻看资料，过去十年工作的每一幕，像电影放映一样一帧帧浮现在眼前；夜深人静，把自己的浅显思考付诸笔头，像春蚕吐丝一般，真正体悟到了何谓“昨夜西风凋碧树”，何谓“独上高楼，望尽天涯路”；踱步于光华村街43号和55号的操场间，反复斟酌，几易其稿，终于形成《事业单位公开招聘制度实证分析与价值重塑——基于法理结构视角》雏形。

需要特别说明的是，构思本书，抱着一个质朴的逻辑，书稿需要有清晰的法学理论特别是法理逻辑支撑，但不能从理论中来又到理论中去，一定要结合实际工作，并且以实际工作为主，这样才能更好地与从事这个工作的同仁产生共鸣；但又不能完全实用主义、就事论事，还应提出一些相对前沿、短期内可能无法解决、但今后可能会出现或面临的问题，提出来，有待读者或同行能够思考并提出更好的解决方案，这也是对工作的负责。

培训期间，重回了汶川映秀和绵阳北川考察。十年前，因为灾后震区事业单位人员引进工作，我曾前往两地，被惨烈的场景深深震动；十年间，因公因私，我也前往过两地多次，全程见证了沧海桑田的巨大变化，现在的汶川和北川，又已生机勃勃充满活力。每当来到这里，都会唏嘘不已，感慨人之于大自然的渺小，命运的随机与无常，每次都告诉自己一定要珍爱生命，热情生活！所以，创作这本书，也算是对自己工作、事业和生活的一种热爱和激情吧！

我的思考，其实也不只是我一个人的思考。真挚感谢领导、恩师、同仁对我在从事事业单位公开招聘工作期间的指导、关心和帮助。“行之苟有恒，久久自芬芳”，我的思考虽不成熟，但我会坚持下去。

李　桢

2018年9月中旬于光华村蜀光708室